COMTE DE BELLEVÜE

GÉNÉALOGIE

DE LA

Famille de Lambilly

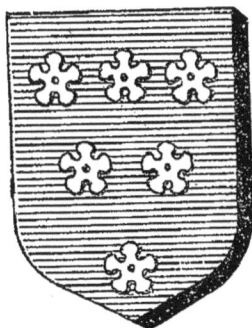

NANTES

IMPRIMERIE ÉMILE GRIMAUD ET FILS

4, PLACE DU COMMERCE, 4

—

1901

GÉNÉALOGIE

DE LA

FAMILLE DE LAMBILLY

I

COMTE DE BELLEVUE

---*---

GÉNÉALOGIE

DE LA

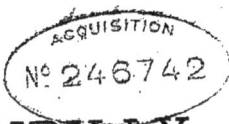

FAMILLE DE LAMBILLY

NANTES

IMPRIMERIE ÉMILE GRIMAUD ET FILS

4, PLACE DU COMMERCE, 4

——

1901

Ⓒ

GÉNÉALOGIE

DE LA

FAMILLE DE LAMBILLY

I° HISTORIQUE

La famille de **Lambilly** est originaire de la seigneurie de ce nom, dans la paroisse de Taupont, près de Ploërmel, où nous la trouvons depuis le XIIe siècle, et qu'elle habite encore aujourd'hui.

Elle a paru à toutes les Montres de l'Évêché de Saint-Malo ; aux Réformations de 1427, 1448, 1454, 1479, 1513, 1536 ; elle produisit à celle de 1668, et fut maintenue dans sa noblesse d'Ancienne Extraction, avec qualité de Chevaliers, par arrêt du 17 novembre 1668. Les Lambilly sont « barons de Kergroix », par acquêt de cette baronnie en 1651 ; « vicomtes du Broutay », par acquêt en 1710 ; « marquis de Baud-Kerveno », par acquêt en 1724.

Nous remarquerons parmi les membres de cette illustre famille : **Payen, sire de Lambilly,** signataire d'une charte à Rennes en 1179 ; un Chevalier Croisé en 1248 ; **Jean de Lambilly, Capitaine du Comte de Montfort** dans les guerres des deux Jeanne, **Grand Chambellan et Premier Gentilhomme de la Maison du Duc Jean V** en 1415 ; **Jean de Lambilly,** l'un des seigneurs Bretons associés contre Landais en 1484 ; **Robert de Lambilly, Capitaine des Francs-Archers et Arbalétriers de l'Évêché de Vannes** en 1484 ; **Jacques de Lambilly, homme d'armes de la garde du Duc François II,** tué au siège de Brest en 1489 : **François de Lambilly,** tué à Pavie en 1655 ; **Guillaume de Lambilly, président,** par élection, **de l'Ordre de la noblesse aux États de Bretagne,** tenus à Saint-Brieuc en 1687 ; **Pierre, baron de Kergroix, lieutenant des Maréchaux de France** en 1672 ; **Pierre-Joseph, baron de Kergroix, vicomte du Broutay, marquis de Baud-Kerveno, page du Roi** en 1695, **conseiller au Parlement de Bretagne** en 1707, **intendant et trésorier général de l'Association des Gentilshommes bretons conjurés** en 1717 pour défendre les libertés de leur province, condamné à mort par contumace en 1720, il dut s'exiler en Espagne, où il devint **premier gentilhomme de la chambre du Roi** ; **Jean-Louis, vicomte du Broutay, page** en 1720 ; **lieutenant aux gardes-françaises,** tué à Dettingen, en 1743 ; **Pierre-Laurent, marquis de Lambilly, page** puis **officier du roi d'Espagne,** en 1725 ; **Pierre-Gabriel-François, marquis de Lambilly, lieutenant aux gardes-françaises,** en 1784, **chef du bataillon de Ploërmel,** dans les guerres de la chouannerie ; **Auguste, chevalier de Kerveno, officier royaliste,** tué dans les guerres de la chouannerie ; **Victoire de Lambilly, comtesse de la Villirouët,** dont nous avons raconté la vie ; **Thomas-Hippolyte, marquis de Lambilly, capitaine des** chouans de **Taupont** en 1815 ; Charles, vicomte de **Lambilly**, chef de bataillon aux zouaves pontificaux à **Rome**, en 1866, commandeur de l'ordre de Saint-Sylvestre ; Humbert, comte de **Lambilly**, lieutenant-colonel d'état-major, tué au combat de Ponthieu, en 1871 ; Gabriel, comte de **Lambilly**, lieutenant de chasseurs à pied, lieutenant-colonel des mobiles du Morbihan en 1870, chevalier de la Légion d'Honneur, conseiller général, puis président du conseil général et du comité royaliste du Morbihan, mort à Lambilly, le 21 mars 1896.

Les Lambilly se sont alliés entre autres aux maisons : *de la Motte*, 1369 ; *de Saint-Brieuc*, 1415 ; *de la Soraye*, 1420 ; *de Beaumanoir*, 1444 ; *de Castel*, 1470 ; *de Bois-jagu*, 1482 ; *de Quélen*, 1490 ; *Giffart*, 1509 ; *du Houx*, 1548 ; *Henry*, 1580 ; *de Bréhault*, 1565 ; *Gâtechair*, 1609 ; *Rogier*, 1644 ; *de Rollée*, 1666 ; *Magon de la Lande*, 1698 ; *Le Pennec*, 1725 ; *Ruellan du Tiercent*, 1733 ; *Magon de la Balue*, 1734 ; *de la Forest d'Armaillé*, 1753 ; *de Rosily*, 1786 ; *le Valois de Séréac*, 1773 ; *Mouësan de la Villirouët*, 1787 ; *de la Vigne-Dampierre*, 1788 ; *de Langle*, 1804 ; *de Ferron*, 1818 ; *Robiou de Troguindy*, 1810 ; *de Roquefeuil*, 1814 ; *Harscouët de Saint-Georges*, 1825 et 1891 ; *de la Motte-Rouge*, 1846 ; *du Boulay*, 1857 ; *Gobbé de la Gaudinaye*, 1859 ; *Desgrées du Loû*, 1873 ; *de Sesmaisons*, 1832 ; *de Montebise*, 1863 ; *de Cornulier*, 1863 ; *Carré de Kéranflec'h*, 1860 ; *Guillet de Chastelux*, 1857 ; *de Ravinel*, 1888 ; *de Villers*, 1892 ; *de Montagu*, 1891.

La famille de Lambilly porte pour armes :

« **D'azur à six quintefeuilles d'argent** ».

Devise : « **Point gesné, point gesnant** ». Cimier : « **Une hermine au naturel** ».

Sa généalogie existe dans l'« Armorial général de France » de d'Hozier, 2e registre, 2e partie p. 577.

Elle fut admise aux « honneurs de la cour » en 1780 et en 1786.

IIᵉ SEIGNEURIES

La famille de **Lambilly** a possédé les seigneuries : de **Lambilly**, de **Créménan**, de la **Rivière-Bréhault**, du **Bois-Hélio**, du **Chesnoran**, de **Morgan**, de la **Villebouquais**, de la **Villedenâché**, en Taupont et en Ploërmel ; de **Penhoët** en la Croix-Helléan ; de la **Motte** en Loutehel ; de la **Soraye** en Campel ; de la **Grande-Touche** en Néant ; du **Plessis**, du **Val** en Trémorel ; du **Quengo-Briand** en Bréhan-Loudéac ; de **Keraron** en Plumelin ; de la **Garoulais** en Sᵗ-Étienne de Rennes ; du **Quélenec** en Lanouée ; de **Quistinic** en Moustoirac ; de la **Villevoisin**, de **Rohallaire,** du **Rufflé** en Augan ; du **Ménéguen** en Melrand ; le marquisat de **Baud-Kerveno** et la baronnie de **Kergroix** en Remungol ; la **vicomté du Broutay** en Guillac.

Nous allons dire quelques mots des plus importantes de ces seigneuries.

Lambilly : châtellenie en la paroisse de Taupont, haute, basse et moyenne justice ; manoir avec chapelle, colombier, futaie, jardins et parc ; droits de fondation, de prééminences, de banc et d'enfeu prohibitif dans l'église de Taupont, dont la maîtresse vitre porte les écussons des Lambilly ; droits au quart du droit de coutume qui se percevait à Ploërmel le jour de la Foire Fleurie (la veille du dimanche des Rameaux) ; moulins à eau de la Ville-des-Naschés ou des Moulins neufs, de Bodiel, de Hugo, et de Bernéan ; moulins à vent de Crémenan, de la Villedanne, de Bernéan, de la Villegoyat, de la Villebuo et de Beaumont ; dixmes à la 12ᵉ gerbe ; rôles et baillages de Lambilly, de la Ville-des-Naschés, de Caslo, de Crémenan, du Boisjagu, de la Villedanne, du Crévix, de la Rivière-Bréhault, de Bernéan, de la Villegoyat,

de Kerboclion, de Kerhuic, de la Chabocière, en Taupont et
en Ploërmel. Le seigneur de Lambilly devait recevoir, chaque
année le jour de la fête de St Goulven[1] (1er juillet) patron de
l'église de Taupont, des mains du prieur-recteur de cette
paroisse, un coq enrubanné.

Lambilly devait être autrefois la demeure des Bili,
machtierns du pays de Ploërmel du VIIe au XIIe siècle,
parmi lesquels nous remarquons deux évêques : Bily, évêque
d'Aleth (St Malo) en 668 ; et saint Bili, évêque de Vannes de
892 à 913. Lambilly signifie en effet en breton : « seigneurie
ou monastère de Bily » : (Lan-Bily) ; « Bily » n'est également
qu'un surnom signifiant « puissant », « suzerain », d'où
l'on a fait « Bailli ».

La seigneurie de Lambilly appartenait dès le XIIe siècle
aux seigneurs de ce nom, et elle est toujours depuis restée
dans cette famille.

Kergrois : *baronnie* d'ancienneté et juveigneurie de la
maison de Rohan, située en la paroisse de Remungol ; elle
comprenait autrefois : le manoir, avec cour, portail, chapelle,
prison, fuye, jardin, futaie, forges, trois viviers, deux étangs,
droits de chasse et de pêche ; haute justice avec fourches
patibulaires à quatre pôts (piliers), sept et collier ; prééminences, enfeu, banc, lizière armoriée et écussons dans l'église
de Remungol ; droits de quatre foires annuelles dans ce
bourg, au lieu dit « du Bâtiment », les 28 avril, 16 juin,
27 août et 12 novembre ; rôle, tenues, baillages et dixmes
à la onzième gerbe.

Elle appartenait primitivement à la puissante maison de
Rohan, et elle vint aux d'Avaugour en 1280, par le mariage de
Catherine de Léon avec Juhaël d'Avaugour. Ceux-ci la con-
servèrent jusqu'en 1651 ; et, le 27 avril 1651, Gabriel de
Machecoul, époux de Renée d'Avaugour, la vendit à François

---

1. Saint Goulven, évêque de Léon, 602, mort en 616.

de Lambilly. Les Lambilly en firent déclaration, le 4 mai 1679, lors de la réformation du domaine royal de Ploërmel. Ils l'ont toujours conservée depuis.

Le Broutay : seigneurie en la Croix-Helléan, qui appartenait anciennement à une famille Herbaud du Broutay, laquelle portait : « d'azur à l'aigle éployée d'or ». Elle vint, par alliance, aux Quélen en 1340, et fut érigée en **Vicomté** en leur faveur en 1656. Les Quélen la vendirent peu après aux Faverolles, qui la revendirent en 1710 aux Lambilly ; ceux-ci la portèrent par alliance aux Le Pennec en 1725.

Cette seigneurie avait un enfeu prohibitif dans l'église de la Croix-Helléan, où on voit encore deux tombeaux du commencement du XIVe siècle, ornés de deux statues et de quatre écussons : le premier, aux armes des du Broutay ; le second, équartelé : au 1, du Broutay, au 2, de « trois croissants » (du Coëtuhan), au 3, de Bahuno, au 4, « trois têtes d'oiseaux » (Chauchart ?) ; le troisième, écartelé : au 1, du Broutay, au 2, « un arbre issant d'un croissant » (?), au 3, de Bahuno, au 4, « une fasce accompagnée de trois merlettes » (Gombert) ; le quatrième, écartelé : au 1, du Broutay ; au 2, « losangé au chef chargé », (Guébriant ou Géebert) ; au 3, de Bahuno ; au 4 « palé » (du Chastellier ?).

La Rivière-Bréhault : ancienne seigneurie en Taupont, dont le vieux manoir existe encore en partie, renfermé dans une cour murée, avec porche et poterne en granit. On voit encore, sur la façade sud, au-dessus d'une fenêtre de style Renaissance, un écusson aux armes des Bréhault : « trois épées les pointes en bas ». On remarque aussi au-dessus du porche d'entrée deux écussons, l'un aux armes des Bréhault ; l'autre portant en alliance les armes des Bréhault et des Boisjagu. — Cette seigneurie avait droit de juridiction et comprenait, lors de la réformation du domaine royal de Ploërmel, en 1682, les rôles de la Rivière, du Boisjagu, de Cancouët, du Chesnot et du Clos-Havart. — Elle appartenait très anciennement aux la Rivière, qui la portèrent par alliance, en 1360, aux Bréhault, dont elle prit le nom ; leur héritier, Gabriel de Boisgeslin, marquis de Cucé, époux de Renée de Bourgneuf, la vendit, le 19 mai 1677, aux Lambilly. Ceux-ci la portèrent, par alliance, vers 1843, au marquis de Piré, qui la vendit aux Berruyer ; elle appartient actuellement à madame de Corvoisier, née Berruyer.

Baud-Kerveno : baronnie d'ancienneté, puis marquisat, en Pluméliau et en Remungol. Baud appartenait très anciennement à une famille de ce nom, qui la porta au XIVe siècle aux Rohan, lesquels la vendirent, en 1562, aux Kerveno, qui la réunirent à leurs seigneuries de Kerveno et du Menéguen, en Plumeliau. Ces trois seigneuries, sous le nom « Baud-Kerveno », furent érigées en leur faveur en baronnie en 1572, puis en marquisat en 1624. Par suite d'une alliance en 1588 et d'acquèts faits en 1667, ce marquisat vint aux Rogier, qui le vendirent en 1724, ou en 1734, aux Lambilly.

Morgan : Seigneurie et juridiction en Taupont, qui appartenait très anciennement aux la Rivière, desquels elle vint, par alliance, vers 1420, aux Picaud, qui la vendirent, vers 1760, aux Lambilly, auxquels elle appartient encore aujourd'hui.

La Villebouquais : Seigneurie en Ploërmel, qui, ainsi qu'une autre seigneurie du même nom en Guégon, appartint aux Bonin. Ceux-ci la vendirent vers le milieu du XVIIIe siècle aux Lambilly ; Françoise-Isidore de Lambilly la porta par alliances, en 1804, aux de Langle, et, en 1818, aux de Ferron du Quengo ; Mme de Ferron mourut sans postérité et son mari fit don de la Villebouquais à une de ses nièces, Mme Péan de Pontfilly, qui la vendit, en 1860, aux Frères de Ploërmel, lesquels l'ont revendue au colonel Maurice de Poulpiquet du Halgouët, député de Redon.

Nays : ou Naye, terre et seigneurie avec droit de haute justice en la paroisse de Sucé, diocèse de Nantes. Elle appar-

tenait, dès le XIVe siècle, à une famille de Nays, qui la
porta par alliance, vers 1480, aux Hémery, desquels elle vint
aux Héligon, puis aux Gérard, qui la vendirent, en 1716,
à René le Texier, dont la fille épousa, la même année, M. du
Pé d'Orvault et reçu Nays en dot ; des du Pé, elle fut portée,
par alliance, vers 1780, aux Ménardeau. Elle devint, au
XIXe siècle, la propriété des Cornulier-Lucinière, puis des
Lambilly par le mariage, en 1865, de Marie de Cornulier
avec le vicomte Rogatien de Lambilly.

IIIe GÉNÉALOGIE

La généalogie de la Maison de Lambilly remonte, d'une
façon suivie, au milieu du XIVe siècle. Nous trouvons anté-
rieurement : **Payen, sire de Lambilly,** qui parut en 1160
et qui signa une charte à Rennes, en 1179 ; et **N..., sire de
Lambilly, chevalier Croisé,** en 1248 (Cab. Courtois).

I

GUILLAUME DE
LAMBILLY,époux
de *Margot de la
Motte* : « de
gueules à trois
bandes engres-
lées d'argent. »

**Iº Guillaume de Lambilly, chevalier sei-
gneur de Lambilly, de Crémenan, de la Motte,
du Breil.**

Il épousa, en 1369, *Margot de la Motte*[1], dᵉ *de la
Motte, du Breil,* en Loutehel, qui lui porta ces
seigneuries.

Il scelle de son sceau (d'azur à six quintefeuilles d'argent),
un acte de 1412.

1. *De la Motte* : famille d'Anc. Ext. chev. originaire de Loutehel,
près de Guer, qui posséda également la vicomté de Maugrémieux, en
Guégon ; elle s'est alliée aux du Boisguéhenneuc, de la Chàsse, de
Montauban. La branche aînée se fondit en Lambilly en 1369, celle de
Maugrémieux en le Sénéchal en 1543, et celle de Vauclerc en Rosmadec en 1600. Armes : « de gueules à trois bandes engreslées d'argent. »
(sceau de 1381).

Il eut pour enfants :

1° **Jean I,** qui suit ;

2° **Ollivier de Lambilly, seigneur de la Motte, gentilhomme de la Maison du Duc,** qui accompagna, en 1419, Richard de Bretagne lors de son premier voyage en France ; il est cité par Dom Morice, (Preuves de l'Histoire de Bretagne), comme faisant partie de la Maison du Duc en 1421 ;

3° **Marguerite de Lambilly,** qui épousa *Bertrand de Saint-Brieuc*[1], dont l'arrière-petit-fils, *François de Saint-Brieuc*, épousa, en 1577, *Roberte de Porcaro*.

II° Jean I de Lambilly, chevalier, seigneur de Lambilly, de Crémenan, de la Motte, du Breil, de la Soraye, de la Touche, de Penhoët, du Val, grand chambellan, grand écuyer et premier gentilhomme de la Maison du Duc en 1415,

II

JEAN I DE LAMBILLY, époux de *Olive de la Soraye :* « d'hermines à deux haches d'armes de gueules, adossées en pal.»

Il partagea noblement son frère, Olivier, du manoir et domaine de la Motte, en Loutehel.

Il suivit le parti de Jean, comte de Montfort, pendant la guerre des Deux-Jeanne ; et le duc de Bretagne Jean V le nomma grand chambellan et premier gentilhomme de sa chambre, par lettres patentes du 16 décembre 1415, « délivrées au chastel de la Tour Neuve, pour les louables plaisirs et honneurs qu'il lui avait faits dans les dernières guerres, et moultes actions dignes de mémoire. »[2]

---

1. * *De Saint-Brieuc* : famille d'Anc. Ext. originaire de Saint-Brieuc de Mauron et qui se fondit, 1681, en Huchet de la Bédoyère ; elle s'est alliée entre autres aux du Guern, 1410, de Marzein, 1430, de Brénéan, 1426, du Breil, 1481, de Vitré, 1487, de Saint-Pern, 1640. Armes : « d'azur au dextrochère d'or tenant une fleur de lys. »

2. Arrêt de maintenue de 1668.

Il reçut encore du duc Jean V, par lettres datées de Sérent, le 14 mars 1434, « l'arrentement, moyennant 60 sols, de « rente, des terres, de la garenne et du manoir de Saint-Malo, « près de l'Étang-au-Duc, et contenant environ 12 journaux. »[1]

Il parut à la Motte, en Loutehel, en 1444, à Lambilly et à Crémenan, en Taupont, en 1426, sa veuve parut en Néant, en 1459.

Il avait épousé *Olive de la Soraye*[2], dᵉ héritière de la *Soraye*, en Campel, qui lui porta cette seigneurie et celle de *la Touche*, en Néant ; elle était fille aînée de *Macé, chevalier, sᵍʳ de la Soraye et de la Touche*.

Leurs enfants furent :

1º **Catherine de Lambilly, dame de la Motte-du-Val**, qui épousa, en 1444, *Geoffroy de Beaumanoir*, de l'illustre famille qui produisit le héros du Combat des Trente. Elle en eut postérité ; et parut veuve, R. 1479, à Trémorel où son mari avait paru R. 1455 ; et en St-Launeuc, R. 1513.

2º **Jean II**, qui suit ;

3º **Jeanne de Lambilly, dame de Penhouët**, qui épousa, en 1459, *Jean Regnault, conseiller du duc*, auquel elle porta Penhouët, en la Croix-Hélléan ; elle laissa postérité, et son mari épousa, en secondes noces, *Guillemette de Cancoët ;*

4º **Guillaume de Lambilly**, nommé avec son frère, Philippe, dans une sentence du 12 juin 1475 ; il parut comme noble, en Merdrignac R. 1479. Il eut pour fils : **Caro de Lambilly**, qui parut également en Merdrignac, R. 1513 :

---

1. Lettres et mandements du duc Jean V.
2. *De la Soraye* : famille d'Anc. Ext. chev. qui produisit un Croisé en 1248 : ses différentes branches se fondirent en Lambilly vers 1415, en Malestroit en 1479, en Sorel en 1560. La branche fondue en Lambilly portait : « d'hermines à deux haches d'armes de gueules adossées en pal. » (Sceaux de 1381).

« Karo de Lambilli a un hébergement exempt depuis plus de soixante ans » ;

5º **Philippe de Lambilly**, qui parut avec son frère, dans une sentence du 12 juin 1475, et qui passa un acte à Ploërmel, en 1484.

IIIº **Jean II de Lambilly**, chevalier, seigneur de Lambilly, de Crémenan, de la Touche, de la Ville-de-Nasché, chambellan du duc Jean V.

IIIº
JEAN II DE LAMBILLY, époux de *Isabeau de Castel :* « Coupé d'hermines et de gueules, au lion de l'un dans l'autre couronné d'or ».

Il prit avec son fils aîné, Jacques, une part active à la conspiration faite par plusieurs gentilshommes bretons, contre Landais ; il reçut des lettres de blâme du duc, qui confisqua ses biens par arrêt du 2 mars 1484, en même temps que ceux de son beau-frère Guillaume de Castel, et les donna à Olivier de Quélen, alors gouverneur de Ploërmel. Mais celui-ci ne voulut point les en déposséder et les leur rendit gratuitement[1]. Après le procès de Landais, le duc, rendant justice à Jean de Lambilly et à son fils, leur envoya des Lettres de réhabilitation, le 12 août 1485, et nomma Jean de Lambilly son chambellan.

Celui-ci mourut au château de Lambilly en 1490, et fut inhumé le 24 avril, dans l'église de Taupont.

Il avait épousé, vers 1450, *Isabeau* (alias : *Tiphaine*) *de Castel, d*ᵉ *de la Ville-de-Nasché*[2] (anciennement « Ville-ès-Vaches ») en Taupont, fille de *Jean* (alias *Guillaume*), et

1. Dom Morice, Preuves t. II.
2. * *De Castel:* famille bretonne d Anc. Ext. chev., originaire de la seigneurie de ce nom en Quily, près de Ploërmel, où nous la trouvons depuis le XIIIᵉ siècle et qui y demeure encore de nos jours ; elle porte depuis le XVIIIᵉ siècle le titre de comte. Armes : « Coupé d'hermines et de gueules, au lion de l'un dans l'autre couronné d'or ». (Sceau de 1402).

de *Jeanne de Bernéan*[1], fille elle-même de *Jean de Ber-néan* et de *Marie de Raguenel*, sœur de Tiphaine de Raguenel, épouse de Bertrand Duguesclin.

. Ils eurent pour enfants :

1° **Jacques de Lambilly, gentilhomme de la maison du duc 1479, Archer 1480**; il fut l'un des vingt-sept seigneurs bretons ligués contre Landais; rentré en grâce en 1485, nous le voyons comme **Archer** à la Montre de Jean de Launay, en octobre 1585, puis comme **homme d'armes de la compagnie du sieur de Rieux** ; il fut tué au siège de Brest, et inhumé dans l'église du Folgoët ;

2° **Robert**, qui suit;

3° **Pierre de Lambilly**, qui parut sous Taupont R. 1479.

IV°
ROBERT I DE LAM-
BILLY, époux de
Hélène de Qué-
len: « D'azur à
trois feuilles de
houx de sino-
ple ».

IV° Robert I de Lambilly, chevalier, seigneur de Lambilly, de Créménan, de la Ville-de-Nasché, de la Motte, de la Touche, du Val, capitaine des Francs-Archers et Arbalétiers de Vannes, en 1484.

Il reçut, du duc de Bretagne François II, des Lettres du 28 mai 1484, par lesquelles il lui ordonnait d'aller abattre les châteaux de ceux qui s'étaient révoltés contre Landais. On voit aussi une ordonnance de la duchesse Anne à Robert de Lambilly, lui enjoignant d'amener à Redon, où elle se trouvait, cent Francs-Archers de sa compagnie (1489). Le 26 sep-

---

1. * *De Bernéan :* famille d'Anc. Ext. chev., originaire de la seigneurie de ce nom en Campénéac, où nous la trouvons au XIV° siècle, et qui s'éteignit, fondue en Giffart de la Marzelière en 1480. Armes: « D'argent à trois fasces de gueules ».

tembre 1489, il reçut des États de Bretagne le commande-
ment de quatre cents arbalétiers à cheval.

Il mourut en 1501.

Il avait épousé: 1°, vers 1476, *Catherine du Boisjagu*[1],
fille de *Jean, sᵍʳ du Boisjagu*, en Mauron, *de Téléhan*, en
Mauron, dont il n'eut pas de postérité ; 2° le 26 juin 1484,
Hélène de Qué.en[2], *d° de Kermené*, fille de feu *Jean, sᵍʳ
du Broutay, de la Villebouquais*, et de *Marie* (ou *Marguerite) de Kermené* (ou *de Carmené*).

Il y eut deux fils de ce second mariage :

1° **Yvon,** qui suit :

2° **Jean III de Lambilly,** qui parut en 1502, et n'eut pas
de postérité.

---

1. * *Du Boisjagu :* famille d'Anc. Ext. sous le ressort de Ploërmel,
qui produisit un chevalier croisé en 1248 ; elle posséda le Boisjagu en
Mauron, le Bouëxic en Néant, le Boishellio sous Ploërmel ; elle
s'éteignit en 1620, fondue en Guéhennec. Armes : « D'argent à trois
pins de sinople » ; devise ; « toujours vert » ; cimier : « une tête de
cerf ». Olivier de Boisjagu porte « trois aigles de gueules », sur un
sceau de 1409.

2. * *De Quélen :* ancienne bannière de Bretagne, qui *descend des
rois d'Angleterre et des ducs de Bretagne*, et que nous trouvons
dans ce pays dès le VIᵉ siècle. Elle produisit huit chevaliers croisés
en 1248. La branche aînée s'éteignit en Boiséon en 1573 ; la branche
du Broutay, séparée de la précédente au XIIIᵉ siècle s'éteignit en Cornouailles au XIXᵉ siècle. Les Quélen furent titrés barons de Vieux-
chastel 1409, de Quélen 1512, vicomtes du Broutay 1656, comtes de la
Vauguyon, princes de Bourbon-Carency, marquis de St-Megrin,
vicomtes de Calvaignac. Cette illustre maison est encore représentée
par les comtes de Quélen en Plouagat, et en Seine-et-Marne. —
Armes en bannière : « Burelé d'argent et de gueules de dix pièces ».
(Sceau 1732) ; et pour la branche du Broutay : « D'argent à trois
feuilles de houx de sinople ». (Sceau de 1380). Devise : « En tout
temps Quélen ».

II

Vᵒ
YVON DE LAMBIL-
LY, époux de
Jeanne Giffart.
« Palé d'or et de
gueules ».

Vᵒ Yvon de Lambilly, chevallier, seigneur de Lambilly, de Crémenan, de la Ville-de-Nasché, de la Touche, du Val, de Kermené, de la Soraye, de la Motte, du Plessis ; archer et gentilhomme de la duchesse Anne en 1499.

Etant encore mineur, lors de la mort de son père en 1501, il fut placé sous la tutelle de Pierre de la Marzelière, sᵍʳ du dit lieu et du Fretay, fils de Arthur et de Marie de Bernéan, son oncle, qui rendit, au nom d'Yvon de Lambilly et de Jean, son frère, aveu à la Chambre des Comptes de Bretagne en 1502, pour Lambilly, la Ville-de-Nasché et la Soraye.

Il parut à la réformation de 1513, sous Taupont, Néant, Loutehel et Trémorel.

Il mourut en janvier 1531.

Il avait épousé, par contrat du 17 septembre 1509, *Jeanne Giffart*[1], fille de *Robert, chevalier sᵍʳ du Fail*, et de *Julienne de Kermelec*, et nièce de Pierre (Giffart) de la Marzelière, son tuteur ; elle mourut en 1539. Il eut :

1ᵒ Pierre II de Lambilly, écuyer, sᵍʳ de Lambilly, de la Ville-de-Nasché, du Boishélio, de la Soraye, il partagea noblement ses frères et sœurs en 1532 ; il fit aveu au roi François 1ᵉʳ, en février 1540, de ses seigneuries de Lambilly, de la Ville-de-Nasché et du Boishélio ; le 1ᵉʳ avril de la même année, il fit réduire le nombre des notaires de ses juridictions : à trois notaires pour Lambilly et la Ville-de-Nasché, et à deux pour la Soraye. Il avait épousé, en 1537,

---

1. * *Giffart* : famille d'Anc. Ext. et chev. bretonne, que nous trouvons dès le XIIᵉ siècle au Plessis-Giffart en Irodouër et à la Roche-Giffart en Saint-Sulpice-des-Landes ; elle était *issue en ramage des barons de Fougères*; elle produisit un chevalier Croisé, en 1248. Une des branches prit, par alliance, en 1472, le nom et les armes de la Marzelière. Elle s'éteignit, fondue en Conigan, en 1608 et, en Coëtquen en 1680. Armes : « Palé d'or et de gueules de six pièces » ; alias : « une fasce surmontée de deux étoiles » (sceau de 1380) ; alias : « d'argent à la bande de sable chargée de trois mâcles d'argent » (sceau de 1516).

Jeanne Henry[1], fille de *Jean* s^{gr} *de Morgan* et de *Jeanne du Fau*. Il mourut sans postérité en 1543 et ses seigneuries vinrent à son frère :

2° **René**, qui suit ;

3° **Olivier de Lambilly**, cité dans le partage des biens de son père fait en 1532 ;

4° **Françoise de Lambilly**, d° de la **Motte**, qui épousa *Jacques Couyer,* s^{gr} *de la Chastaigneraye*, en St-Jacut ;

5° **Jeanne de Lambilly** ;

6° **Marguerite de Lambilly**, marraine de son neveu, Pierre de Lambilly, à Taupont, en 1554.

VI° René I de Lambilly, chevalier, seigneur de Lambilly, de Crémenan, de la Ville de Nasché, de la Soraye.

Il hérita de son frère aîné en 1543, et partagea ses sœurs les 2 mars 1543, 10 et 16 novembre 1561.

Il mourut en 1580.

Il avait épousé, en 1543, *Rolande du Houx*[2], *dame de Trébulan* en Guer, fille de *François,* s^r *de Bodel, de*

VI°

RENÉ I DE LAMBILLY époux de *Rolande du Houx:* « d'argent à six feuilles de houx de sinople ».

1. * *Henry :* famille d'anc. ext. chev., qui produisit un Croisé en 1248, posséda entre autres les seigneuries du Quengo en Saint-Samson, près de Rohan, d'Hardoin, en Augan, du Boishélio, de la Vieillecour, de Morgan, en Ploërmel, de Bohal en Bohal. Elle se fondit, en 1784, en Talhouët-Bellon, et en 1840 en Guyot de Salins. Armes : de gueules à trois épées d'argent en pal, les pointes en bas ».

2. *Du Houx :* famille d'anc. ext. chev., qui produisit un croisé en 1248, et porta les titres de barons et de comtes de la Gacilly ; elle posséda également plusieurs seigneuries en Guer, Caro, Tréal, etc. elle s'éteignit en 1708. Armes : « D'argent à six feuilles de houx de sinople » ; alias : « Une croix cantonnée de quatre feuilles de houx » (sceau de 1381). Devise : « Fou qui s'y frotte. »

Trébulan, et de *Renée de Mauléon*[1]. Elle mourut a Lambilly, en mai 1587.

Ils eurent pour enfants :

1° **Claude**, qui suit :

2° **Pierre III de Lambilly**, sʳ de la Soraye, du **Chesnoran**, né à Lambilly, 3 juin 1554 ; il acheta en 1618 la seigneurie du Chesnoran, en Ploërmel, de Michelle Lucas, veuve de Jean-Marie le Doüarain de la Ticulaie. Il mourut en 1620, et fut inhumé le 29 avril, en son enfeu, dans l'Église de Taupont ;

3° **Louis de Lambilly**, baptisé à Taupont, 11 avril 1556, mort sans postérité ;

4° **Julienne de Lambilly**, qui épousa *Raoul le Torl*, sᵏʳ *de la Vallée*, dont elle eut postérité. Elle vivait encore en 1617.

VII°
CLAUDE DE LAM-
BILLY, époux de
*Renée-Anne de
Bréhault.* « De
gueules à trois
épées d'argent
en pal, surmon-
tées chacunes
d'un besant
d'or. »

VII° Claude de Lambilly, chevalier, sʳ de Lambilly, de Crémenan, de la Soraye, du Quengo-Bréhant, de la Ville-de-Nasché.

Il signe comme parrain à Taupont en 1562 ; il fit aveu au Roi pour Lambilly et la Soraye le 17 juin 1578. Il mourut à Lambilly, et fut inhumé dans l'église de Taupont le 3 janvier 1621.

Il avait épousé, vers 1566, *Renée-Anne de*

---

1. *Mauléon :* ramage de Thouars, famille d'anc. ext. chev. originaire du Po'tou, où elle produisit un croisé en 1248 ; une de ses branches s'établit en Bretagne, sous Ploërmel et Soudan au XVIᵉ siecle. Armes : « de gueules au lion d'argent » (sceaux de 1225 et de 1420).

Bréhault[1], *dame de la Rivière-Bréhault, de Vaucouleurs,* fille de *Pierre,* s⁰ʳ *de la Rivière, de Malleville,* et de *Marthe Picaud*[2], fille elle-même de *Julien Picaud,* s⁰ʳ *de Morgan,* et de *Françoise Gaultro, d⁰ de Malleville.*

Ils eurent pour enfants :

1° **Julien de Lambilly,** baptisé à Taupont, le 4 juin 1570 ;

2° **Jean IV de Lambilly,** qui signe au château de Lemo en Augan, en 1615 ;

3° **François,** qui suit ;

4° **Claude II de Lambilly,** s⁰ʳ du **Quengo-Bréhant,** mort sans postérité vers 1616.

VIII° François de Lambilly, chevalier, seigneur de Lambilly, de Crémenan, de la Soraye, de la Ville-de-Nasché, du Quengo-Bréhant.

Né au château de Lambilly, il fut baptisé à Taupont le 15 janvier 1584.

VIII°
FRANÇOIS DE LAMBILLY, époux de *Jeanne Gastechair* : « de gueules à trois fusées d'or de fasce ».

1. * *De Bréhault :* famille d'Anc. Ext. sous le ressort de Ploërmel, où elle posséda la Rivière-Bréhault en Taupont ; Malleville, la Tousche et la Garoulaye, en Ploërmel ; le Boissernier, en Campénéac. Elle s'est alliée aux la Rivière 1360, Jouchet 1450, Budes 1460, Picaud 1540, Rogier 1555, de Bourgneuf 1595, Polluche 1620, du Boisjagu 1621, de la Bouëxière 1624, Fabrony 1630 ; elle s'éteignit en 1666. Armes : « De gueules à trois épées d'argent un pal, les pointes en haut (alias : en bas), surmontées chacunes d'un besant d'or ».

2. * *Picaud :* famille d'anc. ext. chev. sous le ressort de Ploërmel, où elle possédait dès le XIIIᵉ siècle la seigneurie de Morfouace ; elle descendait des sires d'Hennebont. Elle a produit entre autre le fameux « capitaine Morfouace », vaillant homme de guerre du temps de Duguesclin ; les dernières de ses branches se sont éteintes au commencement de notre siècle, fondues en Poulpiquet du Halgouët, du Breil de Pontbriand, Rolland de Rengervé, de Tanouarn, le Chauff de Léhellec et Bréhier. — Armes : « Fretté d'argent et de gueules de six pièces, au chef d'argent chargé de trois trèfles d'or ».

Il partagea noblement ses frères par acte du 31 octobre 1615.

Il avait épousé par contrat du 2 février 1609 *Jeanne Gastechair*[1], *dame de Lezerneau, de Vauguais*, fille de feu *Jean-François, s*[gr] *de Kersalio, sénéchal de Vannes*, et de *Jeanne Marcadé, d*[e] *de la Villeglé*[2].

Elle mourut à Lambilly en 1647, et fut inhumée le 16 juillet 1647, dans l'église de Taupont.

Leurs enfants furent :

1° **Jeanne de Lambilly,** baptisée à Taupont le 4 mars 1610 ;

2° **Pierre IV de Lambilly,** baptisé à Taupont le 4 août 1613, mort sans postérité ;

3° **Guillaume,** qui suit ;

4° **François II de Lambilly, officier,** tué au siège de Pavie, en septembre 1656; il avait acheté, le 27 avril 1651, la **baronnie de Kergrois** de Renée d'Avaugour, épouse de Gabriel de Machecoul ; après sa mort cette baronnie vint à son frère Guillaume.

---

1. * *Gastechair* : famille originaire de l'évêché de Vannes, anoblie par échevinage en 1552 ; elle a possédé Sabrahan, en Guillac, Roblin en Ploërmel, Kerambartz en Guéhenno ; elle s'est alliée entre autres aux La Chasse 1558, de la Houlle 1564, Bernard 1550, de Quervasic 1606, de Livoudray 1608, Picaud de Quéhéon 1636, de Coëtlogon 1664, Ermar 1687, le Doüarain de la Touraille 1698, etc. Elle s'est éteinte vers 1785 fondue en Julienne et le Gouësbe. Armes : « De gueules à trois fusées d'or de fasce ».

2. *Marcadé* : famille d'Anc. Ext. sous les évêchés de Nantes, de Vannes et de Saint-Malo. Armes : « d'argent à trois lions mornés de gueules ».

IX° Guillaume de Lambilly, chevalier, baron de Kergrois, seigneur de Lambilly, de Crémenan, de la Ville-de-Nasché ; Président par élection de l'Ordre de la noblesse aux États de 1687.

IX°
GUILLAUME DE LAMBILLY, BARON DE KERGROIS, époux de *Suzanne Rogier :* « d'argent au greslier de sable, acc. de cinq hermines de même ».

Né à Lambilly, il fut baptisé à Taupont le 12 avril 1621.

Il hérita de la baronnie de Kergrois, à la mort de son frère, François, en 1655. Il fut témoin cette même année du mariage de François le Doüarain avec Anne de Derval. Il fit aveu au roi, le 7 décembre 1657, de sa seigneurie de Kergrois, à cause de laquelle le roi, par lettres patentes du 20 novembre 1666, l'autorisa à établir au bourg de Remungol un marché tous les mardis, et deux foires par an, les 28 avril et 27 août. Il fut maintenu, lors de la Réformation de 1668, avec son fils Pierre, par arrêt du 17 novembre 1668, M. de Bréhand rapporteur : « Guillaume de Lam- « billi, sᵍʳ du dit lieu, et Pierre de Lambilli, sᵍʳ de Cargroix, « déclarés nobles d'ancienne extraction, et maintenus cheva- « liers sous Vannes, avec dix générations ; portent : d'azur « à six quintefeuilles d'argent. 3. 2. 1 ».

Il acheta, en 1676, les fiefs et droits des seigneuries de Kerboclion, de Beaumont et de la Chabossière, en Taupont, de demoiselle Françoise Cado.

Lors des troubles, qui eurent lieu en Bretagne en 1675, à l'occasion des nouveaux impôts dont Louis XIV voulait frapper illégalement le tabac et le papier timbré, Guillaume de Lambilly signala son zèle et sa fidélité au service du roi, et le duc de Chaulnes, commandant de Bretagne, lui écrivit le 15 octobre 1687, pour le féliciter de sa conduite et lui promettre d'exempter ses paroisses du logement des gens de guerre.

Cette même année (1687) les États de Bretagne, réunis à Morlaix, le nommèrent Président de l'Ordre de la noblesse, en l'absence des barons ; et il reçut des États 1.000ᵗᵗ de gratification, en 1691. Après la mort de sa femme, il fit, le 15 décembre 1692, un partage de ses biens entre ses enfants.

Il mourut à Kergrois, en 1693.

Il avait épousé, au château du Crévy, en 1644, *demoiselle Suzanne Rogier*[1], fille de *Pierre Rogier, s*^{gr} *du Crévy, comte des Chapelles, gouverneur de Malestroit*, et de *Jeanne des Cartes* ; celle-ci fille de *Joachim des Cartes*[2], s^{gr} *de Kerleau, conseiller au Parlement* et de *Jeanne Brochard, dame du Perron* et sœur de *René des Cartes*, le célèbre philosophe. Elle mourut en 1691.

Leurs enfants furent :

1° **Pierre V,** qui suit ;

2° **François III de Lambilly,** mort avant 1692 ;

3° **Claude II de Lambilly,** mort avant 1692 ;

4° **René Guillaume de Lambilly,** né à Lambilly, il fut baptisé à Taupont, le 2 avril 1651 ; il se fit **jésuite** et fut **professeur d'hydrographie au collège de Nantes;** il fit paraître, en 1690, une carte fort complète de l'évêché de Nantes, publiée à Paris chez Jailliot, géographe du Roi ;

5° **Joachim de Lambilly,** mort avant 1692 ;

6° **Augustin de Lambilly,** mort avant 1692 ;

1. * *Rogier :* famille d'Anc. Ext. chev., originaire de Trans, évêché de Nantes, où elle vivait dès le XIIe siècle, et qui vint se fixer sous Ploërmel à la fin du XIVe siècle ; elle y posséda entre autres le Cleyo, en Campénéac, Quéhéon, en Ploërmel, le Crévy, en la Chapelle-sous-Ploërmel, Callac en Plumelec, la Villeneuve en Pleucadeuc. Les Rogier furent titrés comtes des Chapelles en 1639, comtes de Villeneuve en 1640, barons de Callac en 1645, comtes du Crévy en 1697 ; ils se sont alliés aux Tournemine 1180, Derval 1226, d'Argentré 1630, de Bourgneuf 1645, de Bréhault 1563, des Cartes 1614, de Foucaud 1642, de Coëtanscours 1714 ; ils se sont fondus en 1741 et 1747 en Brilhac et du Breil de Pontbriand. — Armes : « D'argent au greslier (cor de chasse) de sable, accompagné de cinq hermines de sable. 2. 2. 1 ».

2. * *Des Cartes :* armes : « d'argent au sautoir de sable, cantonné de quatre palmes de sinople ».

7° **Françoise de Lambilly, religieuse Ursuline à Ploërmel,** née à Lambilly, le 3 février 1654, elle entra aux Ursulines de Ploërmel. en 1671, sous. le nom de **M. Ste Suzanne,** elle y mourut en 1688 ;

8° **Anne de Lambilly, religieuse Ursuline à Ploërmel,** née à Lambilly, le 3 mai 1657, elle rejoignit sa sœur aux Ursulines de Ploërmel en 1674, sous le nom de **M. de la Visitation,** elle y mourut aussi en 1688 ;

9° **Jean V de Lambilly, enseigne de vaisseau,** né à Kergrois, le 28 février 1663, il était enseigne de vaisseau en 1687, et mort avant 1692 ;

10° **Suzanne de Lambilly, religieuse Ursuline à Ploërmel,** née à Rennes en 1664, elle rejoignit ses deux sœurs aux Ursulines de Ploërmel en 1682, sous le nom de **M. St-Charles,** elle y mourut en 1687 ;

11° **Marie de Lambilly,** qui était, en 1692, épouse de *Jacques Le Febvre, s^gr de Pengréal, lieutenant-colonel du Régiment de Carman.* (Armes: « D'azur à trois croissants d'argent, au chef de gueules, chargé d'une molette d'argent »).

X° Pierre V de Lambilly, chevalier, baron de Kergrois, seigneur de Lambilly, de Crémenan, de la Ville-de-Nasché, de la Rivière-Bréhault, de Quistinic, lieutenant des Maréchaux de France.

X° PIERRE DE LAMBILLY, BARON DE KERGROIS, époux de *Jeanne de Rollée:* « d'azur à la licorne rampante d'argent».

Né à Lambilly en 1645 ; il habita le plus ordinairement le château de Kergrois. Il parut et fut maintenu avec son père à la Réformation, le 17 novembre 1668. Il acheta, le 19 mai 1677, de Gabriel de Boisgeslin, héritier de Charles Bréhault, la seigneurie de la Rivière-Bréhault, en Taupont, dont il fit aveu le 1er décembre 1681, lors de la Réformation du Domaine royal de Ploërmel. Il avait eu, en 1671, un procès avec M. de Boisgeslin pour droits de prééminences en l'église de Taupont. Il acheta en 1688, moyennant 1410ᵗᵗ de rente les Moulins au Duc, sur la chaussée de l'étang de ce nom, près de Ploërmel ;

Il épousa, par contrat du 11 août 1666, *Jeanne de Rollée*[1], *dᵉ de Coëtbasson* en Pluméliau, fille mineure et héritière de *Thomas de Rollée, sᵉʳ de la Moinerie, conseiller du roi, maître de la Chambre des Comptes de Bretagne* en 1650, et de *Suzanne Jan*. Elle mourut à Vannes et fut inhumée dans l'église St-Pierre, le 6 avril 1715.

Ils eurent pour enfants :

1º **Suzanne de Lambilly, religieuse Ursuline à Ploërmel,** né à Kergrois, baptisée à Remungol, le 28 février 1670 ; elle rentra aux Ursulines de Ploërmel en 1694, et y mourut en 1735 ; elle porta en religion le nom de **M. Ste-Ursule.**

2º **Guillaume III de Lambilly,** né à Lambilly, baptisé à Taupont le 25 octobre 1673 ; mort jeune ;

3º **Pierre-Joseph,** qui suit ;

XIº Pierre-Joseph de Lambilly, chevalier, baron de Kergrois, vicomte du Broutay, marquis de Baud-Kerveno, seigneur comte de Lambilly, de Crémenan, de la Rivière-

---

1. *De Rollée:* famille de l'évêché de Nantes, anoblie par échevinage en 1588, qui produisit deux Référendaires et trois Maîtres des Comptes, de 1588 à 1658 et un gouverneur de Fougères, en 1636. Elle s'éteignit, en 1721, fondue en le Meneust de Bréquigny. Armes : « D'azur à la licorne rampante d'argent ».

Bréhault, de la **Ville-de-Nasché**, de la **Ville-morin**, du **Ruffé**, de **Rohallaire**, de **Quistinic**, conseiller au **Parlement de Bretagne**, gentilhomme de la Chambre du roi d'Espagne.

Né à Kergrois, le 15 octobre 1679, il fut reçu **page du roi**, dans sa Grande Écurie, le 20 mars 1695 ; il fut nommé **conseiller au Parlement de Bretagne** en 1707, et **conseiller du roi** en 1713.

NO, VICOMTE DU BROUTAY, époux de Hélène-Céleste Magon, « D'azur au chevron d'or acc. en chef de deux étoiles et en pointe d'un lion d'or ».

Il acheta, en 1701, les seigneuries de Rohallaire, de la Villevoisin et du Rufflé, en Augan, des Madaillan, comtes de Chauvigny ; en 1710, la vicomté du Broutay, des Faverolles, qui la tenaient des Quélen ; et, en 1724 le marquisat de Baud-Kerveno, des Rogier.

Il fut l'un des principaux chefs en Bretagne, de la conspiration dite de Cellamarre ; et l'importance du rôle qu'il joua dans cette conjuration nous détermine à en rappeler les causes et les principaux épisodes.

CONSPIRATION DE CELLAMARE

Après la mort de Louis XIV, en 1715, la Bretagne, qui n'avait qu'impatiemment supporté sous le règne de ce prince les atteintes continuelles portées à ses privilèges, voulut essayer de défendre ses droits et de s'affranchir d'une partie des impôts arbitraires dont elle était accablée. Les États réunis à Dinan en 1717 refusèrent de voter le « Don gratuit », ou « de joyeux avènement », que le pouvoir royal voulait leur imposer alors qu'il « ne devait émaner que d'eux seuls, spontanément et volontairement » ; et ils déclarèrent ne pas vouloir reconnaître et payer les dépenses faites par le Gouvernement, sans avoir été préalablement autorisées par les États. Ils ne faisaient en cela que revendiquer les privilèges et les franchises de leur province qui avaient été solennellement proclamés lors de la réunion de la Bretagne à la France, et que les rois Charles IX, Henry IV et Louis XIII avaient depuis reconnus et confirmés.

Le pouvoir royal était alors représenté en Bretagne par le maréchal de Montesquiou (Pierre d'Artagnan), qui crut effrayer et soumettre les États et le Parlement en exilant par Lettres de Cachet les principaux chefs de mouvement, entre autres MM. de Lambilly et de Coëtlogon.

Monsieur de Lambilly (Pierre-Joseph, baron de Kergrois, comte de Lambilly), qui, sous le surnom de « Maître Pierre », allait être l'âme de la conjuration, était alors âgé de 37 ans ; il avait été reçu page du roi en 1695 ; puis, ayant quitté l'épée pour la toge, il avait été nommé conseiller au Parlement en 1707, conseiller du roi en 1713. Il avait épousé en 1701 Hélène-Céleste Magon de la Lande, d'une noble et riche famille du pays de Saint-Malo, dont il avait cinq enfants. Homme actif, intelligent et influent, « il réunissait à l'audace du « mousquetaire l'énergie du magistrat, et il fut la bête noire « du maréchal de Montesquiou, dès l'arrivée de celui-ci en « Bretagne. A chaque page de sa correspondance, Montes- « quiou le signale aux ministres comme un brandon de « discorde, un boute-feu puissant dans sa compagnie par son « activité et son influence, un esprit dangereux qui met le « trouble dans tout le Parlement », et il réclame son exil[1]. Il l'obtint enfin en 1718 ; et Lambilly fut exilé avec sa femme. Mais il rentra en grâce peu de temps après ; et le 9 août 1719, il reçut une députation envoyée par les États pour le complimenter.

Les mêmes Lettres de Cachet avaient frappé un autre gentilhomme du pays de Ploërmel, Monsieur de Coëtlogon, conseiller aux Enquêtes et procureur syndic des États de Bretagne[2], ardent défenseur des libertés bretonnes.

1. « *États de Bretagne* », par le comte de Carné, t. II, p. 17.
2. Louis de Coëtlogon, vicomte de Loyat, sᵉʳ de la Gaudinaye, de la Villemoisan, de la Burlière, sous Ploërmel et Loyat.

Ces mesures violentes ne firent qu'exaspérer les esprits et provoquer la résistance ; et, à la fin de 1718, plus de cinq cents gentilshommes bretons se réunirent à Dinan et formèrent une conjuration ayant pour but de transformer le mouvement séditieux en insurrection. Les conjurés s'engageaient sur l'honneur à « garder un secret inviolable ; à soutenir les droits et les privilèges de la Bretagne ; à défendre, même au péril de leur vie; ceux qui seraient poursuivis et à les indemniser des pertes qu'ils pourraient subir; enfin à ne se dissoudre que lorsque le pouvoir royal aurait reconnu à nouveau les franchises de leur province et accordé aux États la liberté de leurs votes et de leurs actes ». C'était une déclaration de guerre; mais que pouvaient quelques bretons isolés en face de la puissance et de l'autorité du Régent ! Les conjurés comprirent bientôt le danger de leur situation, et ils cherchèrent un appui près de la cour d'Espagne. Le roi de ce pays, Philippe V, était petit-fils de Louis XIV, et il avait protesté contre le choix du duc d'Orléans comme Régent du royaume de France. Il avait, par les soins de son ministre, le cardinal Alberoni, secondé par son ambassadeur à Paris, le prince de Cellamare, et par le duc et la duchesse du Maine, organisé un complot ayant pour but d'enlever la Régence au duc d'Orléans et d'en investir le duc du Maine. Plusieurs provinces étaient déjà entrées dans cette conspiration, quand les bretons révoltés cherchèrent à profiter des projets du roi d'Espagne pour l'intéresser à leur cause ; et envoyèrent à Madrid, en décembre 1718, Monsieur Hervieu de Mellac, ami et voisin de campagne du comte de Lambilly, avec mission de savoir quelle serait l'attitude du Gouvernement espagnol en cas d'insurrection de la Bretagne.

Ce Monsieur Hervieu de Mellac[1], que le maréchal de Mon-

1. *Hervieu* Bonaventure-Olivier-Joseph, seigneur de Mellac, était né en 1678 à Taupont, au petit manoir de Kerboquelion, appartenant à sa mère, Thérèse Bruban, qui, veuve, en premières noces de Gilles Cado, seigneur de Kerhoclion, avait épousé, le 20 juillet 1669, Guillaume Her-

tesquiou dans sa correspondance dit « gentilhomme du pays de Ploërmel et bon officier », avait alors quarante ans.

Il fut reçu en Espagne par le cardinal Alberoni, qui s'engagea à soutenir les Bretons et à envoyer des troupes pour appuyer l'insurrection, et qui lui remit comme à-compte une somme de 30.000 piastres d'or. Porteur de cet argent et de ces promesses, Mellac revint en Bretagne. Il débarqua à Saint-Malo en février 1719, et alla rendre compte du résultat de sa mission aux chefs de la conjuration réunis dans ce but au château de Lambilly, dont l'une des chambres a depuis lors gardé le nom de « salle des conjurés ». Il fut décidé dans ce Conseil qu'une grande assemblée aurait lieu, le 8 avril suivant, dans la forêt de Lanvaux. Une grande quantité de gentilshommes se rendit à cette réunion. Ils « entraient dans la forêt », déguisés au moyen de faux nez ou de moustaches postiches, se faisant reconnaître en tirant deux coups de pistolet et en échangeant le mot de passe ; ils pénétraient alors dans le bois, laissant leurs valets à garder la lisière. Presque tous ces conjurés avaient en outre pris un nom de guerre, comme plus tard pendant la Chouannerie ; ainsi Lambilly était connu sous le surnom de « Maître Pierre », et Mellac sous celui de « Le Calme ».

Beaucoup de châtelains des environs de Ploërmel assis-

---

vieu, seigneur de Montmény, de Mellac, en Mohon, veuf lui-même de Anne Rabinard, d⁰ de Tanhouët. Il avait d'abord suivi la carrière des armes, et il était capitaine d'infanterie quand il fut entraîné par son voisin et ami, le comte de Lambilly, à faire partie de la conjuration dont il devint bientôt l'un des principaux meneurs. Il avait épousé à Bohal, en 1703, Gillonne Henry de Bohal, d⁰ de la Nouée. Il mourut en Espagne, où il avait dû s'exiler, à la fin de l'année 1719.

La famille Hervieu est originaire de Normandie, évêché de Coutances ; une de ses branches, établie en la Chapelle-sous-Ploërmel au commencement du XVe siècle, fut anoblie par le duc de Bretagne, François II, en 1477. Elle s'est alliée entre autres aux Rolland 1590 et 1612, de Coëtlagat 1615, de Langourla 1610, Picaud 1661, le Moyne de Talhouët 1625, le Lardeux 1715 ; elle s'est éteinte en 1785. — Armes : « D'azur au chef d'argent, chargé d'un lion léopardé de gueules ».

tèrent à cette assemblée, entre autres ceux du Bouëxic de la Lardais, du Rox, de Trécesson, de la Béraye, de Loyat, de la Haute-Touche, de Kerguehennec, du Quengo, du Gué de l'Isle, du Reste, de la Châsssse, de Belloüan, etc.

Ce fut à cette réunion que le comte de Lambilly fut élu trésorier de l'association ; il y fut également décidé que des dépots d'armes seraient faits dans les châteaux de Pontcalec, du Bodeuc, de Kergrois, de Loyat ; que tout allait être préparé pour l'insurrection, et que M. de Mellac repartirait pour l'Espagne, portant l'acquiescement des conjurés aux offres du roi Philippe V.

D'autres assemblées eurent lieu postérieurement : à Pontivy, en mai ; à Guérande, en juin ; au bois de Kerlin, en Priziac, en août : là se trouvèrent réunis quatorze conjurés, qui nommèrent général en chef un espagnol, le duc d'Ormont ; colonel, le marquis de Pontcalec ; lieutenant-colonel, M. du Couëdic ; capitaines : MM. Le Moyne de Talhouët, de Mont-louis et de Mellac, et qui maintinrent Lambilly comme trésorier général et intendant. Le 30 octobre, une autre réunion eut lieu au château de Pontcalec, en Berné, où les quinze membres présents décidèrent qu'une assemblée générale se tiendrait, le 6 novembre, dans la forêt de la Nouée. Dans cette dernière assemblée, on rédigea une adresse au Régent et au maréchal de Montesquiou « réclamant le rétablissement des privilèges de la province, anéantis par la tyrannie des gens d'affaire », adresse qui devait d'abord être présentée au Parlement de Bretagne par le comte de Lambilly, conseiller à ce corps.

Cependant, ainsi qu'il avait été convenu à l'assemblée de Lanvaux, M. de Mellac avait regagné Madrid en juin 1719, et il en était revenu, rapportant une lettre du roi Philippe V qui promettait l'envoi prochain de secours en hommes et en argent. A la fin de juillet, le comte de Lambilly partit à son tour pour l'Espagne afin d'activer le départ des troupes promises. Il pressa l'armement et la mise à la voile des vaisseaux ; et, à la fin de septembre, une flotte ou « armada » (en espagnol : « armée navale »), composée de sept navires, quitta la Corogne, amenant en Bretagne une armée de trois mille soldats. Mais, à hauteur de l'île d'Oléron, ces bâtiments furent assaillis et dispersés par une tempête et un seul d'entre eux parvint à gagner la côte bretonne. Il aborda, vers le 15 octobre et débarqua 300 soldats sur cette presqu'île de Quiberon qui, quelques années plus tard devait être également le tombeau d'une autre glorieuse expédition. Les espagnols, ne trouvant là personne pour les recevoir et inquiets de se trouver en si petit nombre dans un pays inconnu, se rembarquèrent presque aussitôt et regagnèrent l'Espagne, emportant avec eux l'avenir de la Conjuration.

Celle-ci d'ailleurs semblait vouée déjà à l'impuissance, les populations rurales n'ayant pas compris les généreuses intentions des conjurés et n'ayant pas répondu à leur appel. Le départ des troupes espagnoles anéantissait tout espoir d'une insurrection qui mourait avant d'avoir vécu. Beaucoup des gentilshommes compromis durent se cacher ou s'enfuir à l'étranger. MM. de Lambilly, de Mellac, de Rohan-Pouldu, de Couëssin de la Béraye, de Talhouët-Bonamour et plusieurs autres parvinrent à s'embarquer sur un navire espagnol, qui stationnait en vue de la presqu'île de Rhuys et se réfugièrent en Espagne.

La victoire restait au maréchal de Montesquiou et au Régent : victoire facile et peu glorieuse, qui, cependant, fut suivie de représailles sanglantes et de rigueurs aussi injustes qu'inutiles.

Montesquiou ordonna en effet à des détachements de dragons de battre tout le pays de Vannes et de Cornouailles, pour assurer la perception régulière des impôts et s'emparer des anciens conjurés. Ces dragons, commandés par M. de Langey, colonel d'un régiment de cavalerie, alors stationné à Ploërmel, mirent, à arrêter environ deux cents malheureux, une ardeur sauvage et une férocité dont le souvenir n'a pas vieilli. Ce fut le cruel pendant des Dragonnades des Cévennes, en 1679 et des massacres de Bretagne, en 1675.

Quatre seulement des anciens chefs du complot furent saisis, et, encore, ils ne purent être arrêtés que par la trahison d'un juif, dont l'un de nos plus beaux chants bretons a maudit et flétri la mémoire[1]. Messieurs le marquis de Pontcalec, Le Moyne de Talhouët, de Montlouis et du Couëdic[1] furent arrêtés en décembre 1719, emprisonnés à Nantes, jugés par une sorte de cour martiale, composée d'étrangers choisis

1. « La mort de Pontcalec », chant breton du dialecte de Cornouailles, publié dans la « Barzaz-Breiz » ; et dont le refrain est : « Que le lâche qui le vendit, sois maudit, qu'il soit maudit ! » — Pontcalec, ainsi que le Moyne de Talhouët, Montlouis et du Couëdic, étaient parents des Doüarain de Lemo.

* De Guer-Malestroit, marquis de Pontcallec (Clément-Chrysogone) : né en 1679, fils de Charles-René et de Bonne-Louise le Voyer ; il était issu d'une noble famille, originaire de Guer, et alliée dans ce pays aux Doüarain de Lemo, de Kermeno, de Cosnoal, de Rosmadec. Il servit d'abord dans les mousquetaires du Roi, puis, ayant donné sa démission, il se retira à son château de Pontcalec, en Berné ; il prit courageusement la défense des franchises bretonnes et fut l'un des principaux fauteurs de la Conjuration. Arrêté par trahison au presbytère de Lignol, le 15 décembre 1719, il fut exécuté à Nantes, le 26 mars 1720. Il ne s'était pas marié.

Le Moyne, sʳ de Talhouët (Laurent), né en 1691, fils de François, écuyer, sʳ de Talhouët en Ploërdut et de Mathurine Profict. Il servit comme capitaine au régiment de Senneterre et épousa, en 1713, Françoise-Mauricette Guiller, dᵉ de Guermelin. Il prit une part active à la conspiration et fut exécuté le 26 mars 1720. Il laissa trois enfants et sa femme enceinte. Sa postérité s'est fondue, en 1807, en Julliot du Plessis.

De Montlouis (Thomas-Siméon) écuyer, sʳ de Plascaër, en Priziac ; né à Priziac en 1682, fils de Philippe-Emmanuel et de Françoise-Guillemette Symon, dᵉ de Kerbringal ; décapité à Nantes, avec les précédents, il laissait, de son mariage avec Marie-Thérèse Hugonier, une fille : Marie-Élisabeth de Montlouis, née en 1718, demoiselle à Sᵗ-Cyr, en 1735, qui épousa, en 1737, François-Anne Louvart de Pontigny, et fut mère de madame Le Doüarain de la Touraille, et de Joseph Louvart de Pontigny, qui, sous le surnom de « Candide », fut l'un des chefs de la chouannerie dans le Morbihan.

Du Couëdic (François), né en Cornouailles en 1664, servit comme officier de dragons et fut lieutenant-colonel des conjurés.

III

par le Régent pour cette besogne, comdamnés à mort et
décapités sur la place du Bouffay, le mardi-saint, 26 mars
1720. Le même arrêt prononça la peine de mort contre seize
autres accusés qu'on n'avait pu saisir et qui furent décapités
en effigie, le 27 mars, sur l'échafaud encore fumant du sang
versé la veille. Parmi ces condamnés par contumace étaient
MM. de Lambilly, de Mellac, de Rohan-Pouldu, de Talhouët.

La plupart des exilés vécurent et périrent misérablement à
l'étranger ; quelques-uns, comme MM. de Lambilly et de
Talhouët obtinrent cependant des positions honorables en
Espagne.

Le comte de Lambilly avait perdu dans cette conjuration
plus de 30.000ᵗᵗ de rente : près d'un million de capital ; mais
il avait combattu le bon combat pour la protection et la
défense des droits de son pays ; et, si sa fortune avait dimi-
nué, son honneur avait grandi. Le roi Philippe V, rendant
justice aux sérieuses qualités de son intelligence et de son
caractère, le nomma gentilhomme de sa chambre en mars
1720 et lui confia d'importantes missions diplomatiques en
Espagne, où il mourut exilé en 1731.

Tel fut en Bretagne l'épisode de la « Conspiration » dite
« de Cellamare » ; révolte sans bases solides comme sans
portée raisonnable, rêve patriotique de cerveaux ardents,
dont la répression injuste et brutale ne fit qu'affirmer la
faiblesse du pouvoir royal et devint ainsi la première escar-
mouche de la lutte des États et du Parlement de Bretagne
contre la Cour de France, lutte qui allait durer trois quarts
de siècle et de laquelle devait sortir la Révolution. La force
et la violence avaient triomphé du droit et tranché des têtes
bretonnes pour faire taire les voix courageuses qui récla-
maient les franchises et les libertés que des serments royaux
avaient jurées à la Bretagne. La victoire restait à l'autorité,
mais cette victoire était plus fatale qu'une défaite : le gouvernement, en abusant de sa puissance, ne fit que prouver sa

faiblesse : l'échafaud du Bouffay fut le précurseur de celui de la place Royale.

Il fallut tout le dévouement des Bretons pour leurs princes pour leur faire pardonner les Dragonnades et l'assassinat des victimes de 1720. Mais nous devons constater, à la gloire de notre pays, que rien ne put vaincre et décourager la fidélité des Bretons à leurs souverains ; et nous retrouverons, sur les tables mortuaires de Quiberon et sur le martyrologe des armées de la chouannerie, les noms des familles des conjurés de 1720, dont les descendants verseront leur sang et donneront leur or, sans compter, à cette royauté française qui, après avoir méconnu et maltraité les pères, ne saura pas davantage comprendre et reconnaître plus tard le dévouement héroïque des enfants.

Comme nous l'avons dit, Pierre-Joseph de Lambilly mourut en Espagne, en 1731. Il avait épousé, à Saint-Malo, le 8 mai 1701, par contrat du 20 avril 1701, *Hélène-Céleste Magon de la Lande*[1], fille de *Jean IV, sᵍʳ de la Lande, de la Chipaudière, conseiller du roi*, et de *Lau-*

1. * *Magon :* famille noble originaire d'Espagne, dont une branche vint se fixer en Bretagne, dans le pays de Vitré au XVᵉ siècle ; puis, en 1560, dans celui de Saint-Malo, où elle est encore représentée ; elle fut anoblie en France en 1678. Elle a possédé entre autres la Lande, en Sᵗ-Jouan-des-Guérets ; la Chipaudière, la Gervaisais, la Gicquelais, le Terlays, le Bos, la Balue, la Blinaye, le Parc, la Ville-Huchet, la Vieuxville, Plouër, dans les environs de Sᵗ-Malo ; le Boisgarin, en Spezet ; les Magon furent titrés marquis de la Gervaisais en 1762, vicomtes du Boschet en 1767, vicomtes d'Apigné et comtes de la Gicquelais en 1775, comtes du Bois de la Roche en 1785. Ils ont produit quatre secrétaires du roi, un connétable de Sᵗ-Malo, deux lieutenants généraux des armées du roi, un contre-amiral, un trésorier des États de Bretagne ; cinq d'entre eux furent décapités en 1794. Cette famille est encore représentée en Espagne, et, en Bretagne, par les Magon de la Gervaisais, de la Vieuxville, de Sᵗ-Hélier, de la Balue, du Boisgarin, de la Giclais et de la Villehuchet.
Armes : « D'azur au chevron d'or, accompagné en chef de deux étoiles de même, et en pointe d'un lion aussi d'or couronné d'argent ». Devise : « Tutus Mago »,

rence Eon, d° de Longpré. Elle mourut veuve, à Rennes, en 1739, et fut inhumée dans le chœur de l'église de Toussaint; son cœur fut apporté à Taupont et déposé le 24 septembre dans l'enfeu de Lambilly, « situé dans le sanctuaire, près de la porte de la sacristie ».

Le comte et la comtesse de Lambilly avaient eu cinq enfants :

1° **Pierre-Laurent,** qui suit :

2° **Marie-Jean-Louis-de Lambilly, chevalier, s^{gr} du Broutay, de Kéraron de la Villevoisin, de Rohallaire, du Rufflé,** connu sous le nom de « **chevalier du Broutay** », né le 2 janvier 1705, reçu **page du roi,** le 10 juin 1720, puis **lieutenant et sous-aide-major dans le Régiment des Gardes Françaises.** Il vendit avec son frère, Charles-Hyacinthe, le 20 juin 1737, les seigneuries de la Villevoisin, du Rufflé et de Rohallaire, moyennant 23.000^{tt}, à François-Philippe de Talhouët-Sévérac, époux de Suzanne de Caradeuc ; il demeurait alors à Paris, rue Richelieu ; il fut tué à la bataille de Fontenay, le 11 mai 1745 ;

3° **Jeanne-Céleste de Lambilly, dame du Broutay,** née à Rennes en 1703, elle ne fut baptisée à Taupont que le 14 octobre 1706 ; elle fut marraine de la grosse cloche de cette paroisse en 1707 ; elle épousa à Lambilly, le 24 juillet 1725, *Jacques le Pennec*[1], *chevalier, s^{gr} du Boisjollan, de Lesnerac, d'Escoublac,* originaire de l'évêché de Nantes, auquel elle porta le Broutay. Elle mourut en 1732, et son mari mourut à Nantes, le 15 avril 1741. Ils avaien eu trois

---

1. *Le Pennec :* famille d'Anc. Ext. sous l'évêché de Nantes, qui s'éteignit au XVIIIe siècle fondue en Sesmaisons.
Armes : « De gueules à trois bustes de femmes d'argent, échevelées d'or ».
Jacques était fils de Charles de Pennec, s^{gr} d'Escoublac, et de Jeanne Gorge ; et frère de Julie le Pennec, épouse de Charles de Sesmaisons, dont : Claude-François de Sesmaisons, qui hérita d'Escoublac en 1775,

enfants : *1° Claude-Laurent Le Pennec, v^le du Broutay, capitaine de cavalerie,* né à Lambilly, le 19 novembre 1726, mort sans postérité à Quimper-Quezennec, le 6 juin 1748 ; *2° Julie-Céleste-Perrine le Pennec, religieuse bénédictine,* née le 1er octobre 1729, elle entra aux Bénédictines à Angoulème, le 26 septembre 1751 ; *3° Jacques-Alain le Pennec, s^gr de Lesnerac,* d'Escoublac, né en 1731, *Exempt des Gardes du Corps du roi,* mort à Paris, le 2 février 1755 ; sans postérité.

4° **Charles-Joseph-Hyacinthe de Lambilly, écuyer, seigneur de Quistinic,** né le 11 janvier 1706, il fut reçu **page du roi** le 20 mai 1721 ; il était **sous-lieutenant au Régiment des Gardes-Françaises,** quand, d'accord avec son frère, Jean-Louis, il vendit Rohallaire, la Villevoisin et le Rufflé aux Talhouët. Il fut tué à la bataille de Dettingen en 1743 ;

5° **Hélène-Modeste de Lambilly,** baptisée à Saint-Malo, le 27 janvier 1707, qui épousa, en 1723, *Joseph-René de Ruellan¹, baron du Tiercent, conseiller au Parlement de Bretagne,* fils aîné de *Gilles III, baron de Tiercent, marquis de la Ballue,* et de *Renée-Roberte du Louet de Coëtjunval.* Il mourut à Rennes, dans son hôtel, place Saint-Pierre, à l'âge de 77 ans, et fut inhumé le 5 avril 1781 dans l'église St-Étienne de cette ville. Il avait eu trois enfants :

1° Marie-Céleste de Ruellan, qui vivait célibataire en 1796 ;

2° Louis-Charles de R., baron du Tiercent, marquis de la Ballue, né au château de la Ballue le 16 juillet 1741,

---

1. *Ruellan :* famille noble d'Ext. sous le ressort de Fougères, don les membres furent titrés barons du Tiercent en 1610, et marquis de la Ballue, en 1622. Elle s'éteignit en 1809, fondue en Muzillac.

Armes : « D'argent au lion de sable, armé, lampassé et couronné d'or ».

fut capitaine de cavalerie et chevalier de Saint-Louis; il mourut à Essen, en Prusse, le 4 juin 1809, sans postérité de Marie-Joseph de Lavaux; il fut le dernier de son nom;

3° *Renée-Laurence de R.*, qui épousa *Charles de Muzillac*[1], dont elle était déjà veuve lorsqu'elle racheta, le 20 octobre 1796, la baronnie du Tiercent, vendue nationalement à la suite de l'émigration de son frère. Elle demeurait à Paris en 1840, et la comtesse de la Villirouët parle souvent dans ses « Mémoires » et dans ses lettres de sa tante de Muzillac.

XII°
PIERRE - LAURENT
DE LAMBILLY,
Mⁱˢ DE KERVENO,
Vᵗᵉ DU BROUTAY,
BARON DE KER-
GROIS, époux de
*Laurence-Thé-
rèze Magon :*
« d'azur au che-
vron d'or acc.
en chef de deux
étoiles et en
pointe d'un lion
d'or. »

XII° Pierre-Laurent de Lambilly, marquis de Baud-Kerveno, vicomte du Broutay, baron de Kergrois, seigneur de Lambilly, de Créménan, de la Ville-de-Nasché, de Quistinic, de Kéraron, dit « le marquis de Lambilly. »

Né à Saint-Malo, le 3 avril 1702, il dut s'exiler avec son père en Espagne en 1720, après la conjuration de Pontcallec, et y devint **page du roi Philippe V**. Revenu en Bretagè, après la mort de son père, en 1731, il partagea noblement ses frères et sœurs, par acte du 18 septembre 1731. Il mourut à Kergrois, le 1ᵉʳ mai 1742.

Il avait épousé à Saint-Malo, le 12 janvier 1734, sa cousine, *Laurence-Thérèze Magon de la Balue*[2], née en 1712, fille de *Luc, ⁱᵉʳ de la Balue, de la Blinaye, de la Tertrais*, conseiller du roi, et de *Hélène-Pélasgie Porée de la Touche*. Elle mourut à Rennes, le 12 septembre 1780, ayant eu deux enfants :

1. *De Muzillac:* famille d'Anc. Ext. chev. de l'évêché de Vannes, dont la généalogie remontait au XII° siècle et qui produisit un croisé en 1248. Armes : « De gueules au léopard lionné d'hérmines ».
2. Voir ci-dessus pour Magon.

1º **Pierre-Laurent-Marie**, qui suit ;

2º **Mauricette-Hélène-Anne de L.**, née à Saint-Malo le 2 décembre 1739, baptisé à Taupont, le 31 juillet 1741, morte à Saint-Malo, le 12 mai 1753.

XIIIº Pierre-Laurent-Marie de Lambilly, marquis de Baud-Kerveno, baron de Kergrois, vicomte du Broutay, seigneur de Lambilly, de Crémenan, de Kéraron, de la Ville-de-Naché, de Morgan, de la Villebouquais, de Quistinic, du Ménéguen, dit « le marquis de Lambilly. »

XIIIº PIERRE - LAURENT- MARIE DE LAMBILLY, Mᶦˢ DE LAMBILLY, époux de *Jacquette- Thérèze de la Forest d'Armaillé* : « d'argent au chef de sable. »

Né à Saint-Malo, le 21 novembre 1734, il fut parrain de la cloche de Taupont en 1768 ; il assista aux Etats de Bretagne de 1764 et 1784, et demeurait alors à son hôtel à Rennes, rue Dauphine, (nunc. : rue Lafayette). Il acheta, vers 1755, la Villebouquais, en Ploërmel, des Bonin.

Il mourut en 1785 et fut inhumé le 15 septembre dans le cimetière de Taupont, près de l'Église.

Il avait épousé à Rennes, le 1ᵉʳ mai 1753, *Jacquette- Françoise-Thérèze de la Forest d'Armaillé*[1], née à Rennes le 2 décembre 1732, fille de *René-Gabriel, comte d'Armaillé, sᵍʳ des Montils, de la Garoulais*, et de

---

1. *De la Forest d'Armaillé :* famille d'anc. Ext., originaire du ressort d'Hennebont, et fixée au XIVᵉ siècle en Anjou, d'où une branche vint en Bretagne vers 1650, et s'y éteignit vers 1846, fondue en de Legge, de Lorgeril et de Palys. La marquise de Lambilly était sœur de Gabriel, comte d'Armaillé, qui eut, de Agathe Champion de Cicé : madame Poullain de Tramain, sans postérté, la comtesse de Legge, dont postérité, et Gabriel-Louis, comte d'Armaillé, président à la cour royale de Rennes, député d'Ile-et-Vilaine, qui eut, de Julie de la Motte : la comtesse de Lorgeril, dont postérité, et la comtesse de Palys, dont postérité.

Les la Forest d'Armaillé s'arment : « d'argent au chef de sable. »

Louise Huart, d° de la Bourbansais¹, qui lui apporta eutre autres la terre de la Garoulais, située à un kilomètre à l'ouest de Rennes.

A la mort de son mari, en 1785, pour faciliter le partage des biens entre ses sept enfants, elle fit une démission de ses propriétés personnelles, moyennant une rente viagère de 11.300 fr., que ses enfants devaient lui servir solidairement. Le partage se fit en 1787 : l'ainé des fils reçut les deux tiers de la fortune, et chacun des six autres enfants eut un sixième du dernier tiers, soit un dix-huitième. Survint la Révolution : la nation confisqua les biens des quatre enfants émigrés, sauf la part de la mère, et le partage de 1787 devint tellement confus, qu'à la mort de la marquise de Lambilly, en 1816, il y eut une transaction à l'amiable entre les six représentants ayant droit, (les droits de l'aîné restant sauvegardés), qui reçurent chacun une valeur de 12.000 ℔.

La marquise de Lambilly, née la Forest d'Armaillé, mourut à Rennes, en son hôtel, près de la place du Palais, le 26 juillet 1815.

Elle avait eu quatorze enfants, dont huit seulement avaient avaient survécu à leur père :

1° **Pierre-Gabriel-François,** qui suit ;

2° **Laurence-Thérèze-Gabrielle de Lambilly,** née à Rennes en 1755, elle épousa au château de Kergrois, le 23 avril 1773, *Claude-Augustin-Marie le Valois, chevalier, comte de Séréac²,* fils de feu *Gabriel-René, sᵍʳ de Séréac,* mort en 1749, et de *Louise-Cécile de la Chevière du Pont-*

---

1. *Huart :* famillle d'Ext. sous l'évêché de Rennes, éteinte, fondue en 1731, en la Forest d'Armaillé. — Armes : « d'argent au corbeau de sable, becqué et membré d'azur.»

2. *Le Valois :* famille noble d'Ext., qui posséda depuis le XVIᵉ siècle la seigneurie de Séréac en Muzillac, et s'éteignit fondue en Graslin en 1807. Armes : « d'azur à deux vautours, affrontés d'argent, enchaînés d'or par le cou ».

louët[1], morte en 1760. Elle mourut à Vannes le 23 décembre 1786, ne laissant que deux filles :

1° *Laurence-Thérèze-Perrine le Valois de Séréac*, née à Rennes, le 29 octobre 1774, morte sans alliance;

2° *Marie-Joséphine-Thérèze le Valois de Séréac*, née à Vannes, le 2 mai 1783, qui épousa à Nantes, vers 1807, *Antoine-Louis Graslin de Séréac, officier de dragons* ; ils moururent à Nantes, lui le 14 décembre 1853, elle, le 15 novembre 1872, ayant eu : *Thérèze-Joséphine Graslin de Séréac*, née à Nantes, le 20 juillet 1810, qui y épousa, le 22 avril 1833. *Frédéric le Loup de la Biliais, officier de cavalerie démissionnaire;* ils moururent à Nantes, lui, le 20 décembre 1863, elle, le 11 février 1896, ayant eu :

A. *Frédéric le Loup de la Biliais*, né à Nantes le 1ᵉʳ novembre 1838, il y mourut célibataire, le 8 janvier 1891 ;

B. *Mathilde le L. de la B.*, née à Nantes, le 18 février 1834, qui y épousa, le 3 mai 1859, son cousin *Louis le Loup de la Biliais*, mort à la Biliais, en 1898, ayant eu :

a. *Yves le L. de la B.*, né en 1862, qui a épousé, en 1889, à Bourg-sous-la-Roche (Vendée) Blanche de Terdy de Rossy, dont : *Yvonne*, née à la Biliais en Saint-Étienne de Montluc, le 2 février 1892 ;

b. *Louise le L. de la B.*, née en 1860, *religieuse du Sacré-Cœur ;*

c. *Anne-Marie-Thérèse le L. de la B.*, née à Nantes en 1866, elle y épousa, en 1889, *Gaëtan de Blocquel de Croix, baron de Wismes*, dont 3 fils et 2 filles ;

C. *Thérèse-Marie le L. de la B.*, née à Nantes, le 8 novembre 1835, qui y épousa en 1858 *Charles de Vallois*, né à Entrammes (Mayenne), en 1829, dont :

a. *Roger de V.*, né à Vaas (Sarthe) en 1859 ;

---

1. *De la Chevière :* famille noble d'An. Ext. originaire de Martigné-Ferchaud, dont quatre membres furent fusillés à Quiberon, en 1795. Armes : « D'argent à trois rencontres de cerf de gueules ».

b. Maurice, né à Vaas en 1860, *P. Jésuite* ;

c. Georges de V., né à Nantes en 1865 ;

d. Jeanne Marie de V., née à Nantes en 1867, y épousa, en 1887, *Joseph Senot de la Lande*, dont : trois filles.

1° Laurent-Xavier-Martin de Lambilly, comte de Lambilly, officier aux Gardes Françaises, chevalier de Saint-Louis.

Né à Rennes, le 11 novembre 1763, il était officier aux Gardes Française lors de la Révolution. Il émigra en 1792. Il épousa, en Angleterre, le 27 novembre 1803, *Marie Fil-field*, née à Chichester, en 1782, fille de feu *Arthur Filfield* et de *Marie Weclerc*. Après avoir habité Chichester jusqu'en 1820 et quelque temps près de Paris, ils se fixèrent à Redon en 1826. Ce fut là qu'ils moururent, lui, le 26 mars 1836, elle, le 20 février 1855. Ils avaient eu treize enfants, entre autres :

A. Françoise-Marie de Lambilly, née à Chichester, le 16 mai 1805, qui épousa à Redon, le 29 mai 1829, *Louis Du-moustier*, fils de *Elie Dumoustier*[1] et de *Louise Garsot*. Il mourut à Redon, le 21 novembre 1870, et sa veuve mourut à Guémené-sur-Scorff, le 21 novembre 1875. Ils avaient eu sept enfants, dont deux seulement ont survécu :

A. Marie-Louise Dumoustier, née le 2 juillet 1830, restée célibataire ;

B. Caroline-Marie Dumoustier, née à Redon, le 8 octobre 1832, qui a épousé, le 8 janvier 1873, *Victor de Kérouallan*, mort à Bubry en 1888, ayant eu : *Amaury de K.* né a Guémené-sur-Scorff, le 15 mars 1874.

B. Caroline de Lambilly, née à Chichester le 23 février

---

1. *Dumoustier :* famille originaire de Picardie, dont une branche s'établit dans le pays de Redon au début du XVIII° siècle et produisit Julien D., prêtre mort à Redon en odeur de sainteté en 1781, et plusieurs officiers de l'armée vendéenne et de la chouannerie. Armes : « d'argent au chevron de gueules, acc., en chef, d'un croissant accosté de deux étoiles, et, en pointe, d'une hure de sanglier ».

1807, elle épousa à Rennes, le 17 février 1832, *Jean-Marie-Jacques, comte des Grées du Loû*[1], né en 1762, fils de *Alexandre-Auguste-Jean, comte des Grées du Loû*, et de *Guyonne-Marie Gaudin de la Berillaye*, et veuf en premières noces de Eulalie Fabvre, morte à Vannes en 1828, après avoir eu huit enfants. Le comte et la comtesse des Grées du Loû moururent à Vannes, lui, le 25 mai 1851, elle, le 31 mai 1874. Ils n'avaient eu de ce second mariage qu'un fils :

Henry des Grées du Loù, né à Vannes, le 1er avril 1833, il fit, comme *lieutenant de dragons,* la campagne de 1870 et fut créé *chevalier de la Légion d'Honneur* pour sa belle conduite à la bataille de Reischoffen. Il donna sa démission en 1871 et vint habiter Vannes. Il a épousé : 1° à Vannes, le 1er mars 1859, *Philomène Gobbé*[2] *de la Gaudinaye*, née à Nantes, le 14 février 1836, fille de Gabriel-François et de Cécile Robert. Elle mourut à Vannes, le 26 décembre 1869 ; et Henry des Grées épousa, 2°, à Paris, le 25 avril 1873, *Claudine-Marie Guillet de Chastellux*[3], née à Lyon, le 5 avril 1836, fille de Barthélémy-Ernest, comte de Chastellux, et de Jeanne-Valentine de Montherot, et veuve en premières noces de Humbert-Henry, marquis de Lambilly, lieutenant-colonel d'état-major, tué, en 1871, au combat de Ponthieu, laissant deux fils, comme nous le dirons plus loin.

Henry des Grées a de son premier mariage trois enfants, et deux du second. Du 1er lit :

A. Xavier des Grées du Loû, né à Vannes, le 13 mars 1860, *capitaine d'infanterie, chevalier de la Légion d'Honneur*, qui a épousé à Vannes, le 9 septembre 1896,

---

1. *Des Grées :* famille d'anc. ext. chev. de Bretagne qui produisit, entre autres, un Président de la noblesse aux Etats de 1768 et 1772, et qui s'arme : « d'azur à la fasce d'hermines, acc. de trois étoiles d'argent. »

2. *Gobbé :* ancienne famille de l'évêché de Vannes, qui produisit un procureur du roi à Carhaix en 1669, un maire de Rhuys en 1712. Armes : « d'azur à l'aigle d'or ».

3. *De Chastellux :* voir plus loin.

Renée Daudeteau, fille de Louis D., chef de bataillon, chevalier de la Légion d'Honneur, et de d^{lle} Le Pelletier d'Ango-
ville ;

B. Marie des Grées, née à Vannes, le 16 septembre 1861,
prieure du Carmel de Saint·Brieuc ;

C. Emmanuel des Grées du Loû, né à Vannes, le
28 février 1867, *commissaire de marine, démissionnaire,
avocat, publiciste républicain*, qui a épousé, à Brest, le
17 novembre 1891, Jeanne Hamonno, dont postérité.

Du second lit :

A. Pierre des Grées du Loû, né à Vannes le 31 janvier
1874, *officier d'infanterie*, qui a épousé à Orléans le
16 janvier 1901, Madeleine Couret ;

B Henry des Grées du Loû, né à Vannes, le 8 août 1875,
officier de cavalerie.

C. Alfred de Lambilly, lieutenant de vaisseau, né à
Chichester, le 12 février 1810, mort sans alliances, le 19 mars
1839 ;

**D. Louis-Georges-Xavier de Lambilly, comte de
Lambilly**, né à Chichester, le 23 avril 1814, il épousa à
Saint-Brieuc, le 6 novembre 1855, *Céline de la Motte-
Rouge* ¹, née en 1827, fille de feu *Charles-Louis-Hubert,
comte de la Motte-Rouge* et de *Céline-Marie·Nicole
Rouxel de Lescouët*. Ils moururent à Saint-Servan, lui, le
25 juin 1884, elle, le 20 décembre 1887. Ils n'avaient eu que
deux filles, mortes sans alliances avant leur mère ;

E. Charlotte de Lambilly, religieuse Carmélite, née
à Chichester le 2 septembre 1819, elle entra, en 1874, au
Carmel de St-Brieuc, où elle est morte, le 3 février 1890 ;

**F. Philippe-Auguste de Lambilly, comte de Lam-
billy**, né à Paris-Neuilly, le 26 mai 1825, il épousa à Argen-

1. *De la Motte-Rouge :* famille d'Anc. Ext. chev. de Bretagne, issue
des vicomtes de Dinan, et qui est encore représentée. Armes : « Fretté
d'or et de sable de six pièces ».

tan le 4 février 1856, *Augustine-Henriette du Boullay*, née
en 1823 et veuve d'Alfred Guérin. Il a fait paraître, à Nantes,
en 1867, un ouvrage en deux volumes intitulé « L'Église et
les prophètes, ou la vision du Temps, nouveau commentaire
de l'Apocalypse ». Il est mort à Vannes, ainsi que sa femme :
elle, le 10 janvier 1899, lui, le 10 février 1900. Ils avaient eu
quatre enfants qui sont morts avant eux :

    a. Charles, né à Argentan en 1856, mort en 1877 ;

    b. Marie-Marguerite, née en 1860, morte en 1861 ;

    c. Marie-Marguerite, née en 1863, morte en 1864 ;

    d. Marguerite-Marie-Josèphe, née en 1865, morte à
Pau, en 1886.

    **G. Charles-Fernand de Lambilly, chef de bataillon
aux Zouaves Pontificaux, commandeur de l'Ordre
de Saint-Sylvestre, chevalier de Saint-Grégoire-le-
Grand, médaillé de Pérouse, de Mentana et de Pie IX
(Bene-Merenti).** Né à Paris-Neuilly, le 26 mai 1825, frère
jumeau du précédent, il entra au service du Saint Siège, le
1er janvier 1852, comme sous-lieutenant au 2me Etranger. Promu
lieutenant en 1854, capitaine en 1856, il prit part au combat
de Pérouse, où il fut fait prisonnier. Il passa au régiment des
Zouaves Pontificaux, après la bataille de Castelfidardo. Nommé
chef de bataillon, le 22 décembre 1866, il commandait l'avant-
garde de la colonne pontificale à la bataille de Mentana ; et,
lors du siège de Rome, il défendait la brèche de la porte Pia,
à la tête du 1er bataillon.

    Après la confiscation des États Pontificaux, il vint demeu-
rer, avec sa femme et ses enfants, à Vannes, où il est mort, le
21 octobre 1901, âgé de 76 ans.

    Le général de Charette, qui était en Belgique, lors du décès
de son ancien camarade, a adressé, à cette occasion, à son
régiment, un ordre du jour, où nous lisons : « .. Pauvre
cher ami, il portait fièrement un nom qu'on retrouve à
chaque page de l'histoire de France et de Bretagne. Il avait

su conserver intacte la légende de sa famille, qui peut se résumer par le mot : Honneur... Aux carabiniers, aux zouaves pontificaux, pendant dix-huit ans il fut toujours un vaillant et brillant officier... Il avait gardé le cœur d'un jeune officier et la foi d'un vieux zouave du Pape. »

Le commandant Charles de Lambilly avait épousé, à Vannes, le 1er mars 1859, *Rosalie Gobbé de la Gaudinaye* [1], laquelle était sœur de Philomène, épouse d'Henri Desgrées du Loû.

Il eut quatre enfants, dont deux seulement survivent :

a. Raphaël-Marie, vicomte de Lambilly, né à Pésano (États Pontificaux), le 12 janvier 1860, qui a épousé à Gand (Belgique), le 8 mai 1894, *Paule Wergauwen*, fille de *Octave Wergauwen, secrétaire de légation honoraire de S. M. le roi des Belges, commandeur de Saint-Grégoire, chevalier des Ordres de Pie IX et de Ste-Anne-de-Russie*, et de *Pauline de la Court d'Onzenoort*. Ils ont : **Alain de L.**, né à Bruxelles, le 24 décembre 1895 ;

b. Charlotte-Marie, née à Lyon, le 27 novembre 1860, morte à Vannes, le 27 novembre 1880 :

c. Marthe, née à Vannes, le 21 avril 1864 ;

d. Piétrina, née à Vannes, le 21 novembre 1873, morte à Vannes, le 26 avril 1893.

H. Henry-Adolphe de Lambilly, né à Redon, le 4 novembre 1829, il a épousé, à Saint-Malo, le 14 mai 1862, Dlle *Brice Michel*, fille de *Brice Michel, armateur*, et de Dlle *de Rontaunay*. Il est mort à St-Malo, directeur en retraite des Télégraphes, le 2 décembre 1900, laissant deux filles :

a. Jeanne-Joséphine, née à Saint-Malo, le 17 mai 1863 ;

b. Joséphine-Dolorès, née à Saint-Malo, le 7 mars 1867.

4° Joachim-Jean-François de Lambilly, né à Ker-

1. *Gobbé :* voir ci-dessus p. 321.

groix, baptisé à Remungol, le 18 Novembre 1764, et mort
vers 1781 ;

5º **Marie-Victoire de Lambilly**, née à Rennes, baptisée
en l'Église Saint-Germain, le 27 avril 1767 ; elle épousa à
Rennes, en l'Église Toussaint, le 12 juin 1797, Jean-Baptiste-
Mouësan, comte de la Villirouët [1], officier au régiment de
Condé, né au château de la Villirouët, en Plédéliac, le
13 novembre 1754, fils aîné de Jean-Augustin, comte de la
Villirouët, et de Françoise de Fontlebon. — Nous avons
raconté ailleurs la vie de la comtesse de la Villirouët [2]. Rap-
pelons seulement ici qu'emprisonnée à Lamballe le 12 octobre
1793, elle obtint, par ses démarches persévérantes, sa mise
en liberté, le 9 janvier 1795 et celle de tous ses codétenus au
nombre de cent trente. S'étant ensuite réfugiée à Paris avec
son mari et ses enfants, elle défendit elle-même et plaida
devant la Commission militaire, le 23 mars 1799, la cause de
son mari, accusé d'émigration, et obtint son acquittement.
Revenus à Lamballe en 1810, le comte et la comtesse de la
Villirouët y moururent, elle, le 12 juillet 1813 et lui, chevalier de Saint-Louis et du Lys, le 12 mars 1845. Ils laissaient
trois enfants :

A. Charlemagne Mouësan, comte de la Villirouët, né
à Lamballe, le 24 juin 1789, élève, puis professeur à Juilly,
inspecteur des Postes, démissionnaire en 1830, mort à
Rennes, le 26 juillet 1874, laissant, de Mademoiselle Aglaé le
Doüarain de Lemo [3], qu'il avait épousée à Rennes, le 28
avril 1823 :

1. *Mouësan de la Villirouët :* famille bretonne d'ext. chev., qui
s'arme : « d'azur à trois molettes d'argent; 2., 1., une fleur de lys du
même en abyme. »
2. Voir : « Mémoires de la comtesse de la Villirouët, née de Lambilly (1767-1813). Une Femme avocat. Épisodes de la Révolution, à
Lamballe et à Paris. » Nantes, 1901.
3. *Le Doüarain de Lemo :* famille bretonne, d'anc. ext. chev, éteinte
en Mouësan de la Villirouët. Armes : « d'azur au pal d'hermines. »

a. Maria M. de la V., née à Rennes, le 27 février 1825, morte, fille, à Rennes, le 2 décembre 1839;

b. Aglaé M. de la V., née à Rennes, le 6 janvier 1827, qui y épousa, le 28 avril 1852, Edouard-Jean Fournier de Bellevüe[1], devenu marquis de Bellevüe en 1894, avec lequel elle habita le château de Touraille, en Augan. Ils ont eu huit enfants, dont quatre ont survécu : 1° *Xavier, comte de Bellevüe*, capitaine de cavalerie territoriale, Conseiller général de la Loire-Inférieure, époux de Gabrielle Regnault de Bouttemont ; 2° *Marie de B*, religieuse Augustine hospitalière, à Saint-Yves de Rennes ; 3° *Jean de B.*, prêtre, licencié en théologie, directeur au Grand Séminaire de Vannes ; 4° *Claire de B.*

c. Paul M., comte de la Villirouët, châtelain de Lenio, en Augan, né à Rennes, le 27 janvier 1829, qui a épousé : 1° le 9 octobre 1853, Angèle de Baglion de la Dufferie[2], morte le 15 octobre 1854; 2° le 12 septembre 1859, Anne-Marie de la Rüe du Can[3], morte le 17 juillet 1865. Il n'a eu que trois filles : 1° du premier lit : *Angèle de la V.*, qui a épousé son cousin, Henry, vicomte de Baglion de la Dufferie, et habite le château de Grazay (Mayenne), avec ses trois enfants ; 2° du second lit : *Anne-Marie de la V.*, qui a

1. *Fournier de Bellevüe* : famille d'anc. ext. chev., originaire du Berry ; armes : « de sable au chevron d'argent. »
2. *De Baglion :* famille princière d'Italie. Armes : « D'azur au lion léopardé d'or, la patte dextre posée sur un tronc écotté de même, accompagné en chef de trois fleurs de lys, surmontées d'un lambel à quatre pendants, le tout d'or ». Devise : « Omne solum forti patria est ». Cri : « Baglioni ».
3. *De la Rüe du Can :* famille que nous trouvons en Touraine depuis le commencement du XVIIᵉ siècle, qui s'est alliée entre autres aux Quérohent, Chalus d'Auvergne, d'Eyssautier, Desgrés du Loû, Espivent de Perran, Brossaud de Juigné, Allenou, des Clos de la Fonchais.
Armes : « D'azur au chevron d'or, accompagné en pointe d'un cerf passant d'argent et en chef de deux quintefeuilles de même ».

épousé Pierre Libault, comte de la Chevasnerie[1], et habite le château de Lemo avec sa fille ; 3° *Jeanne de la V.*, morte, fille, en 1894.

B. Victoire Mouësan de la Villirouët, née à Lamballe, le 7 octobre 1770, qui épousa, le 21 octobre 1816, Henry, comte de la Haye-Saint-Hilaire, elle demeura au château de Chaudebœuf, en Saint-Sauveur-des-Landes, à Rennes, et mourut veuve et sans enfants, à Rennes, en 1867.

C. Césarine Mouësan de la Villirouët, née à Lamballe, le 10 avril 1792, morte, fille, à Rennes, en 1875.

6° **Robert-Guillaume-Joseph de Lambilly**, dit « le **vicomte du Broutay** » s^gr^ du Broutay, de la Rivière-Bréhault ; né au château de Kergroix, il fut baptisé à Remungol, le 11 juillet 1768. Il émigra en 1792, puis rentra en France en 1797, et vécut à Paris, sous le surnom de « citoyen Laurent », près de sa sœur la comtesse de la Villirouët, qui obtint, en 1800, de le faire rayer de la liste des émigrés et avec laquelle il demeurait à Nantouillet en 1802. Il épousa à Rennes, le 12 mai 1803, *Émilie-Anne-Renée Feudé de la Boëssière*[2], née en 1779, fille d'*Ambroise* et de *Jeanne Drouin*[3]. Il mourut à Rennes, le 28 janvier 1814, ne laissant qu'une fille, Laure, qui suit. Sa veuve épousa, en secondes noces, à Rennes, le 12 décembre 1814, Charles-Louis-Adam, comte de Martel, veuf lui-même, et père de Gustave, vicomte de Martel. Elle mourut à Rennes, à l'hôtel

---

1. *Libault de la Chevasnerie :* famille noble de l'Évêché de Nantes. Armes : « D'argent à six fleurs de lys de gueules 3. 2. 1.; au chef de même, chargé de trois fers de piques d'argent, les pointes en haut ». Devise : « Pro Deo, rege et patria ».

2. *Feudé* : famille de l'évêché de Rennes qui s'armait : « d'or à trois flammes de gueules », et produisit un avocat au Parlement en 1696, et un secrétaire du roi en 1727.

3. *Drouin :* famille de l'évêché de Nantes, anoblie en 1777, en la personne de Louis Drouin, armateur à Nantes, armes : « d'argent à une gerbe de blé de gueules accompagnée de trois larmes d'azur ».

IV

Châteaugiron, rue de Corbin, le 29 août 1870, âgée de
91 ans. Elle n'avait eu d'enfants que du premier lit : **Laure-
Julie-Émilie de Lambilly**, née à Rennes, le 22 janvier
1812, elle y épousa : 1º le 25 août 1828, le fils de son beau-
père, *Gustave, vicomte de Martel*[1], lequel mourut sans
postérité, à Saint-Jean-de-Boiseau (Loire-Inférieure), le 25 août
1842 ; 2º, le 11 septembre 1843, *Alexandre-Élisabeth,
marquis de Rosnyvinen de Piré*[2], né à Rennes, le 18 juillet
1809, fils d'Hippolyte-Guillaume, marquis de Piré, comte de
l'empire, général de division, mort en 1850, et de Marie-
Émilie Hay des Nétumières. Ils vendirent la Rivière-Bréhault,
en Taupont, aux Berruyer. Ils moururent à Rennes, sans
postérité ; elle, le 10 avril 1868, lui, le 16 février 1885. Il
avait été député d'Ille-et-Vilaine, de 1856 à 1870, et était le
dernier de son nom ;

7º **Auguste-Pierre-François de Lambilly**, dit « le
chevalier de Kerveno », né le 18 septembre 1769, il était,
en 1789, **sous-lieutenant au régiment du Roi-Infanterie**,
il émigra et revint s'enrôler dans l'armée royale de Bretagne,
où il servit comme **major de la division de Fougères**,
sous du Boisguy. Cité à l'ordre du jour pour sa brillante
conduite au combat du Bourg-Saint-James, le 21 janvier 1800,
il fut tué, le 7 février suivant, au combat des Tombettes, en
Mayenne, alors qu'il essayait de sauver un blessé en l'emportant sur ses épaules ;

1. *De Martel :* famille noble d'Ext. sous l'évêché de Nantes, qui
s'armait : « d'or à trois marteaux de sable ». Elle produisit deux
chevaliers de St-Michel en 1569 et 1600, un lieutenant général des
armées navales en 1656, un brigadier de cavalerie en 1748.

2. *De Rosnyvinen de Piré :* famille bretonne d'anc. Ext. chev., qui
produisit, entre autres, deux maîtres des Eaux et Forêts de France,
en 1442 et 1454, deux présidents de l'ordre de la noblesse aux États de
Bretagne de 1722 et de 1770, deux maréchaux de camp, en 1743 et
et 1780, un général de division en 1813. Elle s'éteignit en 1885, en la
personne du marquis de Piré, veuf de Laure de Lambilly. Elle s'armait : « d'or à la hure de sanglier de sable, à la bordure engreslée de
gueules ». Devise : « Défends-toi ! ».

8° **Marie-Emmanuelle-Euphrosyne de Lambilly :** née le 5 mai 1772, elle demeura chez sa sœur, la comtesse de la Villirouët, à Lamballe, où elle épousa, le 4 mai 1791, *Frédéric-César, comte de la Vigne-Dampierre*[1], *ancien officier au régiment de Soissons-Infanterie ;* elle mourut veuve en la paroisse d'Hénansal, le 19 juin 1827, n'ayant eu qu'une fille : *Thérèse-Marie-Jeanne de la Vigne-Dampierre*, née à Lamballe, le 7 mars 1792, qui épousa, vers 1827, *Jean-Marie du Vergier de Kerhorlay*[2], et eut : *Paul-Antoine du Vergier de Kerhorlay*, né le 5 avril 1829, qui a épousé, le 1er mai 1855, Henriette Boscal de Réals, et est mort, le 20 février 1890, laissant deux fils et huit filles, entre autres :

a. Casimir du V., né le 10 mars 1857, qui a épousé, le 12 juin 1888, Marie de Brunville, dont : *Henry*, né le 1er février 1895 ;

b. Paul du V., né le 30 mai 1860 ;

c. Henriette du V., née le 11 décembre 1858 ;

d. Marie du V., née le 5 novembre 1861 ;

e. Anne-Marie du V., née le 13 juillet 1864 ;

f. Félicie du V., née le 6 mai 1866 ;

g. Jeanne du V., né le 14 juillet 1870, qui a épousé, le 23 novembre 1897, *Félicien de Poulpiquet de Brescanvel* ;

h. Camille, née le 9 février 1872.

1. *De la Vigne-Dampierre :* famille de l'Orléanais, qui s'armait : « d'azur à trois œufs d'argent, et, en chef, une faulx d'or posée en fasce ».
2. *Du Vergier de Kerhorlay :* famille bretonne d'anc. Ext. chev. de l'évêché de Vannes, où elle vivait dès le XIII° siècle, et où elle habite encore le château de Kerhorlay en Guidel. Elle s'arme : « De gueules à deux bandes de vair ».

XIV°
PIERRE - GABRIEL -
FRANÇOIS, MAR-
QUIS DE LAMBIL-
LY, époux de
*Henriette de
Rosily :* « d'ar-
gent au chevron
de sable, acc. de
trois quinte-
feuilles de mê-
me ».

**XIV° Pierre-Gabriel-François de Lam-
billy, marquis de Baud-Kerveno, baron de
Kergroix, seigneur de Lambilly, de Crémenan, de Morgan, de la Villebouquais, de la
Ville-de-Nasché ; lieutenant aux Gardes
Françaises, chef de bataillon à l'armée catho-
lique et royale de Bretagne, chevalier de
aint-Loui s, dit « le marquis de Lambilly ».**

Né à Rennes le 5 janvier 1759, il fut nommé lieutenant aux Gardes Française en 1782 ; il fit ses preuves de
Cour en 1780 et en 1786. Il émigra avec sa femme, en Belgique, puis en Prusse et en Danemark, lors de la Révolution. Revenu en Bretagne, il commanda, de 1795 à 1797,
les paroisses de Taupont et de Josselin, comme chef de
bataillon de l'armée royale du Morbihan. Il mourut à Lyon,
le 2 avril 1817.

Il avait épousé, dans la chapelle du château de Versailles,
en présence du Roi et de la cour, le 14 mai 1786, *Anne-
Henriette-Françoise de Rosily de Méros* [1], née à Nantes,
en 1768, fille de *François-Julien, marquis de Rosily de
Méros, comte de Moréac*, et de *Constance-Bonne le
Vicomte du Rumain, d° de Coëtanfao* [2]. Elle mourut,
veuve, à Lambilly, le 3 juillet 1837, ayant eu cinq enfants :

1° **Françoise-Victoire-Henriette-Berthe de Lambilly, d° de la Villebouquais**, née à Rennes, le 8 juillet
1787, elle épousa : 1° le 1er septembre 1804, *René-Joseph-*

---

1. *De Rosily de Méros :* famille d'anc. Ext. originaire de l'évêché
de Cornouailles, qui produisit un chevalier de l'ordre en 1646, un
inspecteur général des Milices Gardes-Côtes de Bretagne en 1758, un
chef d'escadre en 1764, un vice-amiral en 1814. Elle fut admise aux
honneurs de la cour en 1786, et s'est éteinte en 1854. Armes : « d'argent
au chevron de sable accompagné de trois quintefeuilles de même ».

2. *Le vicomte du Rumain :* de la famille des le Vicomte de la Ville-
gourio, dont nous avons parlé dans la généalogie Mouësan. Armes
« d'azur au croissant d'or ».

Marie, comte de Langle de Kermorvan[1], né à Henne-
bon, le 29 mai 1770, fils de Louis-Vincent et de Catherine-
Ursule de Talhouët, et frère du lieutenant de Langle, fusillé
à Quiberon en 1795. Il prit part, comme officier d'artillerie,
à l'insurrection royaliste de 1815 et fut tué à la bataille
d'Auray, le 21 juin 1815 ; il n'avait pas eu de postérité. Sa
veuve épousa en secondes noces, à Taupont, le 14 janvier
1818, *Toussaint, comte de Ferron du Quengo*[2], *ex-officier
de l'armée de Condé*, né à Rennes, le 17 avril 1770. Elle
mourut sans postérité en 1832, et son mari fit don de la
Villebouquais à sa nièce, madame Péan de Pontphily, qui la
vendit, en 1860, aux Frères de Ploërmel.

2º **Marie-Hermine de Lambilly**, née à Nantes, le
5 septembre 1790 ; elle épousa, le 26 octobre 1810, *Jean-
Marie Robiou, comte de Troguindy*[3]. Elle mourut le
26 avril 1871, ayant eu entre autres :

1º *Adolphe R., comte de Troguindy, conseiller général
des Côtes-du-Nord*, qui a épousé, en 1865, Octavie de
Beaucorps-Paransay, dont il n'a pas eu de postérité ;

2º *Louise-Clothilde Robiou de T.*, née en 1822, qui a
épousé, en 1845, *Charles, comte de la Monneraye*[4], *ex-
sénateur du Morbihan et président du Conseil général,
châtelain du Cleyo*, en Caro, né à Rennes, le 3 février 1812 ;

1. *De Langle :* famille d'anc. Ext. chev. de l'évêché de Vannes, qui
produisit un Croisé en 1190, et dont les membres furent titrés marquis de Brie et du Plessix de la Couyère. Armes : d'azur au sautoir
d'or, accompagné de quatre billettes de même ».
2. *De Ferron du Quengo :* famille d'anc. Ext. chev. de l'évêché de
Saint-Malo, encore représentée par les branches des marquis et comtes
de la Ferronnays et du Quengo. Armes : « d'azur à six (ou sept) billettes
d'argent, au chef de gueules, chargé de trois (ou cinq) annelets d'or ».
3. *Robiou de Troguindy :* famille noble de l'évêché de Saint-Brieuc,
maintenue en 1726. Armes : « d'argent à trois fasces d'azur ».
4. *De la Monneraye :* famille bretonne noble d'Ext. qui s'arme :
« d'or à la bande de gueules, chargée de trois têtes de lion d'argent.
accostées de deux serpents volants d'azur ».

ils n'ont eu que des filles, dont une seule s'est mariée, *Jeanne de la M.*, née en 1860, qui a épousé, le 10 janvier 1882, *Charles de l'Espinay de Pancy*, dont trois filles et un fils.

3° **Julie-Adelaïde de Lambilly**, née à Mons, en Belgique, le 8 février 1792, elle a épousé, le 2 mai 1814, *Alphonse-Aymar, comte de Roquefeuil*[1], fils aîné de *Pierre, comte de Roquefeuil de Montpeyroux, capitaine de vaisseau,* et de *Léocadie de Lagadec*, né au château de Kéroué, le 7 mars 1787. Ils demeurèrent au château du Bilo, en Minihy-Tréguier, où ils moururent, lui, le 17 mai 1857, elle, le 22 octobre 1866. Ils avaient eu, entre autres :

A. *Aymar-Alphonse-Henry, comte de Roquefeuil,* né le 16 avril 1817, qui épousa, à Nostang, le 10 février 1853, sa cousine-germaine, Alix-Henriette-Marie Harscouët de Saint-George, fille de Frédéric, vicomte de Saint-George, et d'Olympe-Marie de Lambilly. Il est mort le 26 janvier 1885, et sa veuve est décédée à Saint-Brieuc, le 28 septembre 1901, laissant :

a. *Raymond-Marie, comte de Roquefeuil,* né le 19 décembre 1854, qui a épousé : 1° à Nantes, le 19 juin 1889, Agnès de Terves, morte le 10 octobre 1891 ; 2° à Hillion, le 7 mai 1895, Berthe du Foû de Kerdaniel. Il a, du 1er lit : *Raymond,* né à Minihy-Tréguier, le 5 février 1891 ; du 2e lit : *Louis,* né d°, le 11 février 1896, et *Pierre,* né d°, le 24 février 1898 ;

b. *Mathilde-Jeanne-Marie de Roquefeuil,* née le 8 décembre 1856, qui a épousé, le 30 janvier 1877, *Olivier, comte de Carné,* dont cinq fils et deux filles ;

c. *Marguerite-Marie de Roquefeuil,* née le 11 octobre 1859, qui a épousé, le 14 octobre 1885, *Eugène le Bel, comte de Penguily,* dont : *Jean,* né en 1894 ;

[1]. *De Roquefeuil :* famille originaire du Rouergue, ramage des comtes de Nîmes, dont une branche vint s'établir en Bretagne, vers 1741. Elle s'arme : « d'azur à neuf cordelières d'or, 3. 3. 3. ». Devise : « l'honneur me reste ».

B. Victoire de Roquefeuil, née le 19 juillet 1821, qui a épousé, le 19 février 1855, *le comte de Chasteignier de la Rochepozay, ex-officier de marine ;* ils sont morts au château de Rouillon, près du Mans, elle, le 19 mai 1896, lui, le 10 août 1897, ayant eu :

a. Xavier, marquis de Chasteignier de la Rochepozay, officier de cavalerie, né à Rouillon, en 1860, qui a épousé, le 30 janvier 1890, Madeleine d'Espinay Saint-Luc, dont : *Marie,* née en 1890, *Geneviève,* née en 1892, et *Germaine,* née en 1893 ;

b. Louis, comte de Chasteignier, né le 30 novembre 1861 ;

c. Henry, comte de Chasteignier, jumeau du précédent, qui a épousé, le 21 juillet 1894, Camille Clausse, dont : *Thibault,* né le 20 mai 1897 ;

d. Marie de Chasteignier, née en 1858, morte en 1868.

4° **Thomas-Hippolyte,** qui suit ;

5° **Olympe-Marie de Lambilly,** née à Essen (Prusse), le 1er novembre 1794, elle épousa à Taupont, le 15 mai 1825, *Frédéric-Prosper Harscouët, vicomte de Saint-George,* né au château de Pomorio, en Tréveneuc (Côtes-du-Nord) le 14 septembre 1782, second fils de *Louis-Joseph Harscouët, comte de St-George* [1], et de *Geneviève-Marie-Françoise Chrestien de Tréveneuc,* et veuf en premières noces de Marie-Olympe de la Moussaye, dont il n'avait pas eu d'enfants. Ils moururent au château du Rongouët, en Nostang, lui, le 2 août 1853, elle, le 5 août 1862. Ils avaient eu deux enfants :

A. Alix-Henriette-Marie Harscouët de Saint-George, née au Rongouët, le 26 décembre 1828, qui épousa comme

---

1. *Harscouët :* famille bretonne d'anc. Ext., sous l'évêché de Saint-Brieuc, où elle vivait dès le XIII° siècle ; elle est encore représentée par les branches de Saint-George et de Keravel, et s'arme : « d'azur à trois coquilles d'argent ». Devise : « Honneur et franchise ».

nous l'avons dit plus haut, le 10 janvier 1853, son cousin-germain, *Aymar, comte de Roquefeuil*, dont postérité ; elle est morte à Saint-Brieuc, le 28 septembre 1901 ;

B. Henry-Joseph-Gabriel, H., vicomte de Saint-George, né au Rongouët, le 28 janvier 1833, qui a épousé, le 28 juin 1858, Léontine-Charlotte de Perrien du Crénan, fille d'Adolphe et d'Agathe-Thérèse Halna du Fretay. Il est mort au Rongouët, le 10 décembre 1899, ayant eu trois enfants :

a. Henriette H. de St-G., qui a épousé, en 1884, *Ambroise, vicomte de Cheffontaines, capitaine de cavalerie*, dont : *Hervé*, né au Rongouët, le 5 mai 1886 ;

b. Léonce H. de St-George, capitaine d'infanterie, chevalier de la Légion d'honneur, né le 7 mars 1861, qui a épousé, à Paris, le 16 janvier 1889, Anne-Marie Artur de la Villearmois ;

c. Marie H. de St G., née au Rongouët, le 18 janvier 1874, y a épousé, 2 octobre 1894, *Henry, vicomte de Kersauson de Penendref, officier d'infanterie*.

XVe
THOMAS HYPPO-
LYTE, MARQUIS
DE LAMBILLY ET
DE KERGROIS,
époux de *Roga-
tienne de Ses-
maisons :*« De
gueules : trois
tours de mai-
son d'or. »

XVe Thomas-Hippolyte de Lambilly, marquis de Lambilly, baron de Kergrois, châtelain de Lambilly et de Kergrois, propriétaire de Morgan, sous-lieutenant de la Garde royale.

Il naquit, pendant l'émigration, à Altona, en Danemarck, le 23 octobre 1796. Revenu en Bretagne, avec ses parents, vers 1802, il prit, en 1815, une part active à l'insurrection royaliste qui eut lieu dans le Morbihan pendant les cent jours et leva, alors, à ses frais, une Compagnie, dite « Compagnie de Taupont », qui fît partie de la légion de Ploërmel, ayant pour colonel M. le Doüarain de Lemo, et du bataillon du Comte de Poulpiquet du Halgouët. Il assista, le 21 juin 1815, au combat livré près d'Auray, où fut

tué son beau-frère, le chevalier de Langle, qui était officier
à la Compagnie de Taupont, avec MM. de Busnel et Poulain
de Sainte-Foix. Lors du licenciement de l'Armée royale, le
22 juillet 1815, le marquis de Lambilly revint habiter Kergrois, puis le roi Louis XVIII le nomma, en 1816, sous-lieutenant au 5e Régiment d'infanterie de sa garde.

Lors de l'insurrection de 1832, il se retrouva prêt à com-
battre pour la Légitimité avec tous les royalistes fidèles du
pays de Ploërmel, entre autres, MM. de la Bouëssière, de
Busnel, de Bellevüé, le Doüarain de Lemo, des Grées du Loû,
de Saint-George, du Plessis, de Castel, de la Voltais, etc.
L'insurrection échoua par le manque d'entente et par l'arres-
tation de la duchesse de Berry, à Nantes, le 7 novembre
1832 ; mais le marquis de Lambilly resta fidèle toute sa vie
au serment qu'il avait prêté à la monarchie légitime et il eut
à subir plusieurs visites domiciliaires à Lambilly et à
Kergrois.

Il mourut au château de Kergrois, le 28 septembre 1876,
âgé de près de 80 ans.

Il avait épousé, à Nantes, le 5 mars 1832, *Alphonsine-
Modeste-Paule-Rogatienne de Sesmaisons* [1], fille de
*Rogatien-Claude-Clément-Gabriel, comte de Sesmai-
sons* et de *Marie-Alexandrine de Savary de Lancosme* [2]. Elle mourut en 1838, ayant eu cinq enfants :

1° **Humbert Henry,** qui suit ;

1. *De Sesmaisons :* Famille d'anc. Ext. chev., sous l'évêché de
Nantes, qui a produit, entre autres, un croisé en 1248, un Grand
Bailli d'Anjou et du Maine en 1293, un compagnon d'armes de Duguesclin en 1368, un abbé de Redon en 1439, un évêque de Soissons en
1761, etc. Elle est encore représentée dans la Loire-Inférieure et
s'arme : « de gueules à trois tours de maison d'or. »

2 *De Savary de Lancosme :* Famille très illustre, descendant du
roi de France Louis le Gros, par une alliance avec les La Chastre, en
1440. Marie-Alexandrine était fille de Louis-Alphonse, marquis de
Lancosme, et de Charlotte-Marie de la Bourdonnaye de Blossac. Armes :
« Écartelé d'or et de sable au lambel de gueules. »

2° Jean-Gabriel de Lambilly, comte de Lambilly, châtelain de Lambilly et de Kergrois, propriétaire de Morgan, Officier d'Infanterie, Chevalier de la Légion d'honneur, Grand-Croix de l'Ordre de Pie IX, président du Comité royaliste et du Conseil général du Morbihan.

Né à Rennes, dans l'hôtel Pioger, rue Saint-Guillaume, le 31 janvier 1834, il fut admis à Saint-Cyr en 1854 et en sortit comme sous-lieutenant au 18e Chasseurs à pied. Il fit la guerre d'Italie de 1859, puis il donna sa démission en 1863 au moment de son mariage. Il vint alors se fixer au château de Lambilly, où il s'occupa activement de politique et d'agriculture. Lors de la guerre de 1870-1871, il fut **commandant des Mobiles de Ploërmel.** Il est mort au château de Lambilly, le 21 mars 1896, et Monseigneur l'Évêque de Vannes tint à honneur de prononcer l'éloge funèbre de ce fidèle champion de l'autel et du trône.

Il avait épousé, le 18 novembre 1863, à Paris, *Eugénie-Armande Bernard de Montebise*, née au château de Montebise (Seine-et-Marne), en 1840, fille du *marquis Bernard de Montebise*[1] et de *Mademoiselle de Trazignies d'Ittre*, et sœur d'Augustine de Montebise, qui a épousé : 1° Henry Tardieu, comte de Maleyssye ; 2° en 1873, Christophe, comte de Kergariou, châtelain de Bonaban.

La comtesse de Lambilly est morte à Lambilly le 13 février 1889.

Elle avait eu trois fils :

A. Claude-René de Lambilly, comte de Lambilly, châtelain de Lambilly et de Kergrois, propriétaire de Morgan, Conseiller général du Morbihan, né au château de Montebise, le 25 août 1865, il servit comme Maréchal-des-Logis au 3e Dragons et fut nommé, en 1890, Officier

---

1. *De Montebise (Bernard) :* Famille noble, originaire de Picardie, qui s'arme : « d'azur à la licorne d'argent. »

de réserve. Après la mort de son père, en 1896, il reçut en lot les terres situées dans le Morbihan et fut élu Conseiller général du canton de Locminé. Il a épousé à Pluvigner (Morbihan), le 5 août 1891, avec la bénédiction de Monseigneur l'Évêque de Vannes, *Marie-Antoinette-Emma Harscouët de Saint-George*, née au château de Blossac (Ille-et-Vilaine), le 7 septembre 1870, fille de René-Louis-Marie, comte de Saint-George, châtelain de Kéronic, en Pluvigner, et de Jeanne-Marie-Camille de la Bourdonnaye de Blossac.

Le comte et la comtesse René de Lambilly demeurent au château de Lambilly avec leurs enfants :

a. **Anne**, née à Lambilly, le 7 septembre 1892 ;

b. **Pierre**, né à Lambilly, le 17 juillet 1894 ;

c. **Yvonne**, née à Lambilly, le 20 décembre 1895 ;

d. **Gabriel**, né à Lambilly, le 2 janvier 1897 ;

e. **Marguerite**, née à Lambilly, le 18 juin 1898 ;

f. **Marthe**, née à Lambilly, le 10 juin 1900 ;

g. **Paule**, née à Lambilly, le 15 octobre 1901.

B. **Louis-Gabriel de Lambilly, vicomte de Lambilly,** né le 14 janvier 1875, qui a épousé, dans la Marne, le 29 juin 1899, *Marie du Hamel du Breuil*, dont :

a. **Marie-Thérèze**, née à Paris, le 26 avril 1900 ;

b. **Jean**, né à Paris, le 12 juin 1901 ;

C. **Yves-Marie de Lambilly,** né le 19 juin 1876.

3º **Pierre-Rogatien de Lambilly, vicomte de Lambilly, châtelain de Nay,** né à Lambilly, le 19 mars 1835, il a épousé, à Nantes, le 28 avril 1863, *Caroline-Henriette-Marie de Cornulier-Lucinière* [1], née à Orléans, le 18

1. *De Cornulier :* Famille d'anc. Ext. chev. de l'évêché de Nantès, qui a produit un grand nombre de personnages illustres dans l'Armée, l'Église et la Magistrature. Elle est encore noblement représentée et s'arme : « d'azur au rencontre de cerf d'or, sommé d'une moucheture d'hermine d'argent. » Devise : *« Firmus ut cornus. »*

février 1841, fille unique de Théodore, comte de Cornulier-Lucinière, châtelain de Nay, en Sucé (Loire-Inférieure), mort le 17 mai 1879, et de Caroline de Sailly, morte le 5 avril 1865. Ils habitent le château de Nay et ont pour enfants :

A. Jean-Germain-Marie-Rogatien de Lambilly, capitaine breveté d'État-Major, né à Nantes, le 29 février 1864, qui a épousé à Versailles, le 9 juin 1891, *Jeanne de Montagu* [1], fille d'Arthur, marquis de Montagu, et de Claire Varéliaud, dont :

a. **Hervé-Jean**, né à Saint-Cyr, le 4 mars 1892 ;

b. **Robert**, né à Versailles, le 31 juillet 1897.

B. Germaine-Josèphe-Marie-Rogatienne de Lambilly, née à Nantes, le 30 août 1867 ;

C. Geneviève-Marie-Rogatienne-Thérèze de Lambilly, née à Nantes, le 18 février 1869 ;

D. Marie-Chantal-Madeleine-Rogatienne de Lambilly, née à Nantes, le 9 février 1871 ;

E. Marguerite-Marie-Françoise-Rogatienne de Lambilly, née à Nantes, le 29 juin 1876 ;

F. Rogatienne-Germaine-Josèphe-Marie-Élisabeth de Lambilly, née à Nay (Sucé), le 14 juin 1878 ;

G. Joseph-Félix-Marie-Rogatien de Lambilly, né à Nay, le 10 mars 1880.

4° **Geneviève-Rogatienne de Lambilly**, religieuse

---

1. *De Montagu :* Armes : « De sable à trois mains dextres d'argent, 2 et 1. »

2. *De Kéranflec'h :* Famille d'anc. Ext. chev. sous l'évêché de Léon, qui a produit, entre autres, un Chef de division des armées catholiques et royales de Bretagne, sous la chouannerie. Elle s'arme : « d'argent au croissant de gueules, surmonté d'une rose et accompagné de trois coquilles de même. » — Nunc : écartelé de Kernezne : « d'or à trois coquilles de gueules. »

Carmélite, née à Lambilly, le 2 juin 1836, morte au Carmel de Nantes, le 30 janvier 1873 ;

5° Paule-Marie-Thérèze de Lambilly, née à Lambilly, le 6 août 1837, elle a épousé, à Nantes, le 4 juin 1860, *Charles-Joachim-Guillaume-Marie, comte de Kéranflec'h-Kernezne*[2], né à Guingamp, le 18 avril 1827, fils de Charles-Marie-Armand, comte de Kéranflec'h, et de Sidonie-Marie-Sainte-Alexandrine de Kernezne, fille unique et dernière représentante de cette antique famille possessionnée des titres de vicomte de Curru, marquis de la Roche-Gaël-Goumarc'h, comte de Gournoîs, etc. Le comte de Kéranflec'h a été autorisé, en exécution du testament de son aïeule maternelle, par décret impérial du 12 mai 1863, à ajouter à son nom celui de sa mère. Il fut un archéologue des plus érudits et habita au château du Quélénec, en Saint-Gilles-du-Vieux-Marché, où il est mort le 29 août 1899, et où demeure sa veuve. Ils ont eu cinq enfants :

A. Hervé, comte de Kéranflec'h-Kernezne, Officier de cavalerie, démissionnaire en 1901, nommé, la même année, Conseiller général du canton de Mûr ; né à Nantes, le 28 octobre 1861, il a épousé à Paris, le 14 décembre 1893, Simonne de Boisboissel, dont il a : *a. Alain*, né à Tours, en mai 1895 ; *b. Pierre*, né à Angers le 13 janvier 1897 ;

B. Rogatienne de K., Religieuse Auxiliatrice des Ames du Purgatoire, née à Lambilly, le 1er septembre 1865 ;

C. Yvonne de K., Religieuse Auxiliatrice des Ames du Purgatoire, née à Nantes, le 6 avril 1867 ;

D. Suzanne de K., Religieuse Réparatrice, née à Nantes, en janvier 1872, morte à Paris, le 6 mars 1900 ;

E. Anne-Marie de K., née à Lambilly, le 19 juillet 1876, qui a épousé au château du Quélénec, le 12 juin 1899, *Jules Montjaret de Kerjégu, châtelain de Bienassis*, près d'Erquy, dont : *François*, né à Bienassis, le 26 mai 1900, et *Marie-Thérèze*, née à Bienassis, le 29 octobre 1901.

XVIᵉ Humbert-Henry de Lambilly, comte de Lambilly, lieutenant-colonel d'État-Major, **Officier de la Légion d'honneur**, né à Rennes, le 17 décembre 1832, il entra à Saint-Cyr en 1851, et, après une brillante carrière militaire, il fut tué au combat de Ponthieu, près du Mans, le 11 janvier 1871.

Il avait épousé à Paris, le 22 septembre 1857, *Claudine-Marie Guillet de Chastellux* [1], fille de *Barthélémy-Ernest, comte de Chastellux* et de *Jeanne-Valentine de Montherot*. Elle épousa, en secondes noces, à Paris, comme nous l'avons dit plus haut, le 25 avril 1875, Henry des Grées du Loû, dont elle eut deux fils.

Elle avait eu également deux fils du premier lit :

1º **Geoffroy-Jean-Rogatien**, qui suit ;

2º **Robert de Lambilly**, comte de **Lambilly**, capitaine de cavalerie, né à Nogent (Côte-d'Or), le 29 septembre 1860, qui a épousé, à Meaux, le 14 juin 1892, *Thérèze-Roger de Villers*, dont :

Henry de L., né à Meaux, le 8 mai 1893.

XVIIᵉ Geoffroy Jean-Rogatien de Lambilly, marquis de **Lambilly**, capitaine de cavalerie, né à Paris, le 30 mars 1859, il entra à Saint-Cyr en 1878, et fut placé, à sa sortie de l'école, dans la cavalerie, où il est actuellement capitaine.

Il a épousé, à Paris, le 4 mai 1888, *Amélie de Ravinel* [2].

1. *Guillet de Chastellux :* Famille noble du Bourbonnais, qui s'arme : « de gueules au lion d'argent, armé, lampassé et couronné d'or. »

2. *De Ravinel :* Famille noble de Lorraine, qui s'arme : « de gueules à six croissants d'or en pal, surmontés chacun d'une étoile de même et une en pointe. »

Il a pour enfants :

1º **Odette,** née à Provins, le 7 juin 1889 ;

2º **Geneviève,** née à Saumur, le 2 juillet 1891 ;

3º **Humbert,** né à Amiens, le 24 août 1893 ;

4º **Christian,** né à Fontainebleau, le 20 octobre 1894 ;

5º **René-Charles,** né à Épernay, le 22 août 1897.

www.ingramcontent.com/pod-product-compliance
Lightning Source LLC
Chambersburg PA
CBHW070944280326
41934CB00009B/2007